CW00386214

Maurice Leblanc

Arsène Lupin

gentleman cambrioleur

roman

Maurice Leblanc
1864-1941

Maurice Leblanc est un écrivain français, né le 11/11/1864 à Rouen et mort le 06/11/1941 à Perpignan. Auteur de nombreux romans policiers et d'aventures, il est le créateur du célèbre personnage d'*Arsène Lupin, le gentleman-cambrioleur.*

Son père est négociant en charbon (d'autres sources - Wikipédia ou l'Encyclopaedia Universalis, - le disent armateur); sa mère est issue d'une riche famille de notables. Il fait de brillantes études au lycée Corneille où il obtient deux prix d'excellence.

En 1888, il quitte Rouen pour Paris, ce déménagement est pour lui une libération. En 1889, il épouse M. E. Lalanne et il partage sa vie entre Nice et la côte normande du côté d'Etretat.

En 1901, il publie un roman autobiographique *L'Enthousiasme* pour lequel il déborde d'énergie. Malheureusement, ce livre tombe aussitôt dans l'oubli. Il est très affecté par cette indifférence mais il continue à écrire et il reçoit commande pour une pièce de théâtre *La Pitié* (mai 1906) qui sera présentée huit fois.

En 1905, Pierre Lafitte, directeur du mensuel Je sais tout, lui commande une nouvelle sur le modèle du *Raffles* d'Ernest William Hornung : *L'Arrestation d'Arsène Lupin*. Deux ans plus tard, Arsène Lupin est publié en livre. La sortie d'*Arsène Lupin contre Herlock Sholmès* mécontente Conan Doyle, furieux de voir son détective Sherlock Holmes ("Herlock Sholmès") et son faire-valoir Watson ("Wilson") ridiculisés par des personnages parodiques créés par Maurice Leblanc.

L'arrestation d'Arsène Lupin paraît dans Je sais tout en juillet 1905. M. Leblanc ne sait pas encore que sa vie va basculer. En effet, après l'échec de sa pièce de théâtre, il décide de "fabriquer des choses pour gagner de l'argent". Il a déjà commencé son chef-d'œuvre : *L'Aiguille creuse*.

En 1912, Maurice Leblanc est reconnu par ses pairs et est

décoré de la Légion d'honneur. Il habite dans un hôtel particulier du XVI° arrondissement de Paris, divorcé, il y vit avec sa deuxième femme et son fils Claude.

Puis, la guerre éclate en 1914 et tous les écrivains voient leurs publications se réduire. Durant cette période de troubles, Marcel Leblanc écrit des chefs-d'œuvre comme L'île aux trente cercueils ou encore Le triangle d'or. Il continue à passer ses vacances à Etretat. Il rend visite aux soldats blessés et dédicace ses livres.

Dés 1919, les studios d'Hollywood achètent des droits pour porter à l'écran Les dents du tigre et 813. En 1932, Jack Conway réalise *Arsène Lupin* et en 1938 les spectateurs peuvent regarder *Le retour d'Arsène Lupin.*

(Source : www.polars.org)

Œuvres

Ouvrages faisant intervenir le personnage d'Arsène Lupin

La série Arsène Lupin compte 17 romans et 39 nouvelles, ainsi que 5 pièces de théâtre, tous écrits de 1905 à 1941.

•*Arsène Lupin, gentleman-cambrioleur* (1907), recueil de 9 nouvelles comprenant *L'Arrestation d'Arsène Lupin*, *Arsène Lupin en prison*, *L'Évasion d'Arsène Lupin*, *Le Mystérieux Voyageur*, *Le Collier de la reine*, *Le Coffre-fort de madame Imbert*, *Herlock Sholmès arrive trop tard*, *La Perle noire* et *Le Sept de cœur.*
•*Arsène Lupin contre Herlock Sholmès* (1908), recueil comprenant le roman *La Dame blonde* et la nouvelle *La Lampe juive*.
•*L'Aiguille creuse* (1909), roman.
•*813* (1910), roman réédité en deux volumes en 1917 sous les titres *La Double Vie d'Arsène Lupin* et *Les Trois Crimes d'Arsène Lupin*, aujourd'hui réédité sous le titre original *813*.
•*Le Bouchon de cristal* (1912), roman.
•*Les Confidences d'Arsène Lupin* (1913), recueil de 9 nouvelles comprenant : *Les Jeux du soleil*, *L'Anneau nuptial*, *Le Signe de l'ombre*, *Le Piège infernal*, *L'Écharpe de soie rouge*, *La Mort qui*

*rôde, Le Mariage d'Arsène Lupin, Le Fétu de paille*et *Édith au cou de cygne.*

•*L'Éclat d'obus* (1916), roman.

•*Le Triangle d'or* (1918), roman.

•*L'Île aux trente cercueils* (1919), roman.

•*Les Dents du tigre* (1921), roman.

•*Les Huit Coups de l'horloge* (1923), recueil de 8 nouvelles comprenant *Au sommet de la tour, La Carafe d'eau, Thérèse et Germaine, Le Film révélateur, Le Cas de Jean-Louis, La Dame à la hache, Des pas sur la neige* et *Au Dieu Mercure.*

•*La Comtesse de Cagliostro* (1924), roman.

•*The Overcoat of Arsène Lupin*, nouvelle parue en 1926 dans *The Popular Magazine*, dont la plus grande partie reprend la trame de *La Dent d'Hercule Petitgris* (1924), en y transposant le personnage d'Arsène Lupin.

•*La Demoiselle aux yeux verts* (1927), roman.

•*L'Homme à la peau de bique* (1927), nouvelle.

•*L'Agence Barnett et Cie* (1928), recueil de 8 nouvelles comprenant *Les Gouttes qui tombent, La Lettre d'amour du roi George, La Partie de baccara, L'Homme aux dents d'or, Les Douze Africaines de Béchoux, Le Hasard fait des miracles, Gants blancs... guêtres blanches...* et *Béchoux arrête Jim Barnett.*

•*The Bridge That Broke* (*Le Pont qui s'effondre*), 1929, nouvelle publiée dans l'édition anglaise de *L'Agence Barnett et Cie* ; le texte original français n'a jamais été publié.

•*La Demeure mystérieuse* (1929), roman.

•*Le Cabochon d'émeraude* (1930), nouvelle.

•*La Barre-y-va* (1931), roman.

•*La Femme aux deux sourires* (1933), roman.

•*Victor, de la Brigade mondaine* (1933), roman.

•*La Cagliostro se venge* (1935), roman.

•*Les Milliards d'Arsène Lupin* (1941, posthume), roman : édition incomplète ; le texte intégral a été publié en feuilleton dans *L'Auto* du 10 janvier au 11 février 1939.

•*Le Dernier Amour d'Arsène Lupin* (2012, posthume), roman ; édition d'un texte resté à l'état de brouillon.

Cinéma et télévision

La filmographie des aventures d'Arsène Lupin compte de nombreuses adaptations :

•*Une aventure d'Arsène Lupin* (1908), film américain d'Edwin Stratton Porter, avec William Ranows
•*Arsène Lupin* (1909), film français de Michel Carré, avec Georges Tréville
•*Arsene Lupin contra Sherlock Holmes* (1910), film allemand en cinq épisodes de Viggo Larsen, avec Paul Otto
•*Arsène Lupin contre Ganimard* (1914), film français de Michel Carré, avec Georges Tréville
•*The Teeth of the Tiger* (1919), film américain de Chester Withey, avec David Powell
•*813* (1920), film américain de Charles Christie et Scott Sidney, avec Wedgewood Nowell
•*813 – Rupimono* (1923), film japonais de Kenji Mizoguchi (copie perdue112), avec Minami Kômei
•*Arsène Lupin* (1932), film américain de Jack Conway, avec John Barrymore
•*Arsène Lupin détective* (1937), film français de Henri Diamant-Berger, avec Jules Berry
•*Le Retour d'Arsène Lupin* (1938), film américain de George Fitzmaurice, avec Melvyn Douglas
•*Enter Arsene Lupin* (1944), film américain de Ford Beebe, avec Charles Korvin
•*Les Aventures d'Arsène Lupin* (1957), film français de Jacques Becker, avec Robert Lamoureux
•*Signé Arsène Lupin* (1959), film français de Yves Robert, avec Robert Lamoureux
•*Arsène Lupin* (2004), film français de Jean-Paul Salomé, avec Romain Duris
•*Kaitou Sentai Lupinranger VS Keisatsu Sentai Patranger (2018), série japonaise mettant en scène 2 équipes*, dont une avec les *Lupinranger.*

Ses aventures ont également donné lieu à des séries télévisées :

•*Arsène Lupin* (1960), série québécoise de René Verne, avec Jean Gascon
•*Arsène Lupin* (1971-1974), série de Jacques Nahum, avec Georges Descrières
•*L'Île aux trente cercueils* (1979), série de Marcel Cravenne
•*Arsène Lupin joue et perd* (1980), série française d'Alexandre Astruc et Roland Laudenbach, avec Jean-Claude Brialy
•*Le Retour d'Arsène Lupin* (1989-1990), série française de Jacques Nahum, avec François Dunoyer
•*Les Nouveaux Exploits d'Arsène Lupin* (1995-1996), série française de Jacques Nahum, avec François Dunoyer

(source : wikipédia)

À Pierre Lafitte

Mon cher ami,

Tu m'as engagé sur une route où je ne croyais point que je dusse jamais m'aventurer, et j'y ai trouvé tant de plaisir et d'agrément littéraire qu'il me paraît juste d'inscrire ton nom en tête de ce premier volume, et de t'affirmer ici mes sentiments d'affectueuse et fidèle reconnaissance.

M. L.

Édition de référence :
Omnibus, Paris, 2004.

Arsène Lupin
gentleman cambrioleur

1

L'arrestation d'Arsène Lupin

L'étrange voyage ! Il avait si bien commencé cependant ! Pour ma part, je n'en fis jamais qui s'annonçât sous de plus heureux auspices. La *Provence* est un transatlantique rapide, confortable, commandé par le plus affable des hommes. La société la plus choisie s'y trouvait réunie. Des relations se formaient, des divertissements s'organisaient. Nous avions cette impression exquise d'être séparés du monde, réduits à nous-mêmes comme sur une île inconnue, obligés par conséquent, de nous rapprocher les uns des autres.

Et nous nous rapprochions...

Avez-vous jamais songé à ce qu'il y a d'original et d'imprévu dans ce groupement d'êtres qui, la veille encore, ne se connaissaient pas, et qui, durant quelques jours, entre le ciel infini et la mer immense, vont vivre de la vie la plus intime, ensemble vont défier les colères de l'Océan, l'assaut terrifiant des vagues et le calme sournois de l'eau endormie ?

C'est, au fond, vécue en une sorte de raccourci tragique, la vie elle-même, avec ses orages et ses grandeurs, sa monotonie et sa diversité, et voilà pourquoi, peut-être, on goûte avec une hâte fiévreuse et une volupté d'autant plus intense ce court voyage dont on aperçoit la fin du moment même où il commence.

Mais, depuis plusieurs années, quelque chose se passe qui ajoute singulièrement aux émotions de la traversée. La petite île flottante dépend encore de ce monde dont on se croyait affranchi. Un lien subsiste, qui ne se dénoue que peu à peu, en plein Océan, et peu à peu, en plein Océan, se renoue. Le télégraphe sans fil ! appels d'un autre univers d'où l'on recevrait des nouvelles de la façon la plus mystérieuse qui soit ! L'imagination n'a plus la ressource d'évoquer des fils de fer au creux desquels glisse l'invisible message. Le mystère est plus insondable encore, plus poétique aussi, et c'est aux ailes du vent qu'il faut recourir pour expliquer ce nouveau miracle.

Ainsi, les premières heures, nous sentîmes-nous suivis, escortés, précédés même par cette voix lointaine qui, de temps en temps, chuchotait à l'un de nous quelques paroles de là-bas. Deux amis me parlèrent. Dix autres, vingt autres nous envoyèrent à tous, à travers l'espace, leurs adieux attristés ou souriants.

Or, le second jour, à cinq cents milles des côtes françaises, par un après-midi orageux, le télégraphe sans fil nous transmettait une dépêche dont voici la teneur :

Arsène Lupin à votre bord, première classe, cheveux blonds, blessure avant-bras droit, voyage seul, sous le nom de R...

À ce moment précis, un coup de tonnerre violent éclata dans le ciel sombre. Les ondes électriques furent interrompues. Le reste de la dépêche ne nous parvint pas. Du nom sous lequel se cachait Arsène Lupin, on ne sut que l'initiale.

S'il se fût agi de toute autre nouvelle, je ne doute point que le secret en eût été scrupuleusement gardé par les employés du poste télégraphique, ainsi que par le commissaire du bord et par le commandant. Mais il est de ces événements qui semblent forcer la discrétion la plus rigoureuse. Le jour même, sans qu'on pût dire comment la chose avait été ébruitée, nous savions tous que le fameux Arsène Lupin se cachait parmi nous.

Arsène Lupin parmi nous ! l'insaisissable cambrioleur dont on racontait les prouesses dans tous les journaux depuis des mois ! l'énigmatique personnage avec qui le vieux Ganimard, notre meilleur policier, avait engagé ce duel à mort dont les péripéties se déroulaient de façon si pittoresque ! Arsène Lupin, le fantaisiste gentleman qui n'opère que dans les châteaux et les salons, et qui, une nuit, où il avait pénétré chez le baron Schormann, en était parti les mains vides et avait laissé sa carte, ornée de cette formule : « *Arsène Lupin, gentleman-cambrioleur, reviendra quand les meubles seront authentiques.* » Arsène Lupin, l'homme aux mille déguisements : tour à tour chauffeur, ténor, bookmaker, fils de famille, adolescent, vieillard, commis-voyageur marseillais, médecin russe, torero espagnol !

Qu'on se rende bien compte de ceci : Arsène Lupin allant et venant dans le cadre relativement restreint d'un transatlantique, que dis-je ! dans ce petit coin des premières où l'on se retrouvait à tout instant, dans cette salle à manger, dans ce salon, dans ce fumoir ! Arsène Lupin, c'était peut-être ce monsieur... ou celui-là... mon voisin de table... mon compagnon de cabine...

– Et cela va durer encore cinq fois vingt-quatre heures ! s'écria le lendemain miss Nelly Underdown, mais c'est intolérable ! J'espère bien qu'on va l'arrêter.

Et s'adressant à moi :

– Voyons, vous, monsieur d'Andrézy, qui êtes déjà au mieux avec le commandant, vous ne savez rien ?

J'aurais bien voulu savoir quelque chose pour plaire à miss Nelly ! C'était une de ces magnifiques créatures qui, partout où elles sont, occupent aussitôt la place la plus en vue. Leur beauté autant que leur fortune éblouit. Elles ont une cour, des fervents, des enthousiastes.

Élevée à Paris par une mère française, elle rejoignait son père, le richissime Underdown, de Chicago. Une de ses amies, lady Jerland, l'accompagnait.

Dès la première heure, j'avais posé ma candidature de flirt. Mais dans l'intimité rapide du voyage, tout de suite son charme m'avait troublé, et je me sentais un peu trop ému pour un flirt quand ses grands yeux noirs rencontraient les miens. Cependant, elle accueillait mes hommages avec une certaine faveur. Elle daignait rire de mes bons mots et s'intéresser à mes anecdotes. Une vague sympathie semblait répondre à l'empressement que je lui témoignais.

Un seul rival peut-être m'eût inquiété, un assez beau garçon, élégant, réservé, dont elle paraissait quelquefois préférer l'humeur taciturne à mes façons plus « en dehors » de Parisien.

Il faisait justement partie du groupe d'admirateurs qui entourait miss Nelly, lorsqu'elle m'interrogea. Nous étions sur le pont, agréablement installés dans des rocking-chairs. L'orage de la veille avait éclairci le ciel. L'heure était délicieuse.

– Je ne sais rien de précis, mademoiselle, lui répondis-je, mais est-il impossible de conduire nous-mêmes notre enquête, tout aussi bien que le ferait le vieux Ganimard, l'ennemi personnel d'Arsène Lupin ?

– Oh ! oh ! vous vous avancez beaucoup !

– En quoi donc ? Le problème est-il si compliqué ?

– Très compliqué.

– C'est que vous oubliez les éléments que nous avons pour le résoudre.

– Quels éléments ?

– 1° Lupin se fait appeler monsieur R...

– Signalement un peu vague.

– 2° Il voyage seul.

– Si cette particularité vous suffit !

– 3° Il est blond.

– Et alors ?

– Alors nous n'avons plus qu'à consulter la liste des passagers et à procéder par élimination.

J'avais cette liste dans ma poche. Je la pris et la parcourus.

– Je note d'abord qu'il n'y a que treize personnes que leur initiale désigne à notre attention.

– Treize seulement ?

– En première classe, oui. Sur ces treize messieurs R..., comme vous pouvez vous en assurer, neuf sont accompagnés de femmes, d'enfants ou de domestiques. Restent quatre personnages isolés : le marquis de Raverdan...

– Secrétaire d'ambassade, interrompit miss Nelly, je le connais.

– Le major Rawson...

– C'est mon oncle, dit quelqu'un.

– M. Rivolta...

– Présent, s'écria l'un de nous, un Italien dont la figure disparaissait sous une barbe du plus beau noir.

Miss Nelly éclata de rire.

– Monsieur n'est pas précisément blond.

– Alors, repris-je, nous sommes obligés de conclure que le coupable est le dernier de la liste.

– C'est-à-dire ?

– C'est-à-dire M. Rozaine. Quelqu'un connaît-il M. Rozaine ?

On se tut. Mais miss Nelly, interpellant le jeune homme taciturne dont l'assiduité près d'elle me tourmentait, lui dit :

– Eh bien, monsieur Rozaine, vous ne répondez pas ?

On tourna les yeux vers lui. Il était blond.

Avouons-le, je sentis comme un petit choc au fond de moi. Et le silence gêné qui pesa sur nous m'indiqua que les autres assistants éprouvaient aussi cette sorte de suffocation. C'était absurde d'ailleurs, car enfin rien dans les allures de ce monsieur ne permettait qu'on le suspectât.

– Pourquoi je ne réponds pas ? dit-il, mais parce que, vu mon nom, ma qualité de voyageur isolé et la couleur de mes cheveux, j'ai déjà procédé à une enquête analogue et que je suis arrivé au même résultat. Je suis donc d'avis qu'on m'arrête.

Il avait un drôle d'air, en prononçant ces paroles. Ses lèvres minces comme deux traits inflexibles s'amincirent encore et pâlirent. Des filets de sang strièrent ses yeux.

Certes, il plaisantait. Pourtant sa physionomie, son attitude nous impressionnèrent. Naïvement, miss Nelly demanda :

– Mais vous n'avez pas de blessure ?

– Il est vrai, dit-il, la blessure manque.

D'un geste nerveux il releva sa manchette et découvrit son bras. Mais aussitôt une idée me frappa. Mes yeux croisèrent ceux de miss Nelly : il avait montré le bras gauche.

Et, ma foi, j'allais en faire nettement la remarque, quand un incident détourna notre attention. Lady Jerland, l'amie de miss Nelly, arrivait en courant.

Elle était bouleversée. On s'empressa autour d'elle, et ce n'est qu'après bien des efforts qu'elle réussit à balbutier :

– Mes bijoux, mes perles !... on a tout pris !...

Non, on n'avait pas tout pris, comme nous le sûmes par la suite ; chose bien plus curieuse : on avait choisi !

De l'étoile en diamants, du pendentif en cabochons de rubis, des colliers et des bracelets brisés, on avait enlevé, non point les pierres les plus grosses, mais les plus fines, les plus précieuses, celles, aurait-on dit, qui avaient le plus de valeur en tenant le moins de place. Les montures gisaient là, sur la table. Je les vis, tous nous les vîmes, dépouillées de leurs joyaux comme des fleurs dont on eût arraché les beaux pétales étincelants et colorés.

Et pour exécuter ce travail, il avait fallu, pendant l'heure où lady Jerland prenait le thé, il avait fallu, en plein jour, et dans un couloir fréquenté, fracturer la porte de la cabine, trouver un petit sac dissimulé à dessein au fond d'un carton à chapeau, l'ouvrir et choisir !

Il n'y eut qu'un cri parmi nous. Il n'y eut qu'une opinion parmi tous les passagers, lorsque le vol fut connu : c'est Arsène Lupin. Et de fait, c'était bien sa manière compliquée, mystérieuse, inconcevable... et logique cependant, car, s'il était difficile de receler la masse encombrante qu'eût formée l'ensemble des bijoux, combien moindre était l'embarras avec de petites choses indépendantes les unes des autres, perles, émeraudes et saphirs !

Et au dîner, il se passa ceci : à droite et à gauche de Rozaine, les deux places restèrent vides. Et le soir on sut qu'il avait été convoqué par le commandant.

Son arrestation, que personne ne mit en doute, causa un véritable soulagement. On respirait enfin. Ce soir-là on joua aux petits jeux. On dansa. Miss Nelly, surtout, montra une gaieté étourdissante qui me fit voir que si les hommages de Rozaine avaient pu lui agréer au début, elle ne s'en souvenait guère. Sa grâce acheva de me conquérir. Vers minuit, à la clarté sereine de la lune, je lui affirmai mon dévouement avec une émotion qui ne parut pas lui déplaire.

Mais le lendemain, à la stupeur générale, on apprit que, les charges relevées contre lui n'étant pas suffisantes, Rozaine était libre.

Fils d'un négociant considérable de Bordeaux, il avait exhibé des papiers parfaitement en règle. En outre, ses bras n'offraient pas la moindre trace de blessure.

– Des papiers ! des actes de naissance ! s'écrièrent les ennemis de Rozaine, mais Arsène Lupin vous en fournira tant que vous voudrez ! Quant à la blessure, c'est qu'il n'en a pas reçu... ou qu'il en a effacé la trace !

On leur objectait qu'à l'heure du vol, Rozaine – c'était démontré – se promenait sur le pont. À quoi ils ripostaient :

– Est-ce qu'un homme de la trempe d'Arsène Lupin a besoin d'assister au vol qu'il commet ?

Et puis, en dehors de toute considération étrangère, il y avait un point sur lequel les plus sceptiques ne pouvaient épiloguer. Qui, sauf Rozaine, voyageait seul, était blond, et portait un nom commençant par R ? Qui le télégramme désignait-il, si ce n'était Rozaine ?

Et quand Rozaine, quelques minutes avant le déjeuner, se dirigea audacieusement vers notre groupe, miss Nelly et lady Jerland se levèrent et s'éloignèrent.

C'était bel et bien de la peur.

Une heure plus tard, une circulaire manuscrite passait de main en main parmi les employés du bord, les matelots, les voyageurs de toutes classes : M. Louis Rozaine promettait une somme de dix mille francs à qui démasquerait Arsène Lupin, ou trouverait le possesseur des pierres dérobées.

– Et si personne ne me vient en aide contre ce bandit, déclara Rozaine au commandant, moi, je lui ferai son affaire.

Rozaine contre Arsène Lupin, ou plutôt, selon le mot qui courut,

Arsène Lupin lui-même contre Arsène Lupin, la lutte ne manquait pas d'intérêt !

Elle se prolongea durant deux journées.

On vit Rozaine errer de droite et de gauche, se mêler au personnel, interroger, fureter. On aperçut son ombre, la nuit, qui rôdait.

De son côté, le commandant déploya l'énergie la plus active. Du haut en bas, en tous les coins, la *Provence* fut fouillée. On perquisitionna dans toutes les cabines, sans exception, sous le prétexte fort juste que les objets étaient cachés dans n'importe quel endroit, sauf dans la cabine du coupable.

– On finira bien par découvrir quelque chose, n'est-ce pas ? me demandait miss Nelly. Tout sorcier qu'il soit, il ne peut faire que des diamants et des perles deviennent invisibles.

– Mais si, lui répondis-je, ou alors il faudrait explorer la coiffe de nos chapeaux, la doublure de nos vestes, et tout ce que nous portons sur nous.

Et lui montrant mon kodak, un 9 x 12 avec lequel je ne me lassais pas de la photographier dans les attitudes les plus diverses :

– Rien que dans un appareil pas plus grand que celui-ci, ne pensez-vous pas qu'il y aurait place pour toutes les pierres précieuses de lady Jerland ? On affecte de prendre des vues et le tour est joué.

– Mais cependant j'ai entendu dire qu'il n'y a point de voleur qui ne laisse derrière lui un indice quelconque.

– Il y en a un : Arsène Lupin.

– Pourquoi ?

– Pourquoi ? parce qu'il ne pense pas seulement au vol qu'il commet, mais à toutes les circonstances qui pourraient le dénoncer.

– Au début, vous étiez plus confiant.

– Mais depuis, je l'ai vu à l'œuvre.

– Et alors, selon vous ?

– Selon moi, on perd son temps.

Et de fait, les investigations ne donnaient aucun résultat, ou du moins, celui qu'elles donnèrent ne correspondait pas à l'effort général : la montre du commandant lui fut volée.

Furieux, il redoubla d'ardeur et surveilla de plus près encore Rozaine avec qui il avait eu plusieurs entrevues. Le lendemain, ironie charmante, on retrouvait la montre parmi les faux cols du commandant en second.

Tout cela avait un air de prodige, et dénonçait bien la manière humoristique d'Arsène Lupin, cambrioleur, soit, mais dilettante aussi. Il travaillait par goût et par vocation, certes, mais par amusement aussi. Il donnait l'impression du monsieur qui se divertit à la pièce qu'il fait jouer, et qui dans la coulisse, rit à gorge déployée de ses traits d'esprit, et des situations qu'il imagine.

Décidément, c'était un artiste en son genre, et quand j'observais Rozaine, sombre et opiniâtre, et que je songeais au double rôle que tenait sans doute ce curieux personnage, je ne pouvais en parler sans une certaine admiration.

Or, l'avant-dernière nuit, l'officier de quart entendit des gémissements à l'endroit le plus obscur du pont. Il s'approcha. Un homme était étendu, la tête enveloppée dans une écharpe grise très épaisse, les poignets ficelés à l'aide d'une fine cordelette.

On le délivra de ses liens. On le releva, des soins lui furent prodigués.

Cet homme, c'était Rozaine.

C'était Rozaine assailli au cours d'une de ses expéditions, terrassé et dépouillé. Une carte de visite fixée par une épingle à son vêtement portait ces mots :

Arsène Lupin accepte avec reconnaissance les dix mille francs de M. Rozaine.

En réalité, le portefeuille dérobé contenait vingt billets de mille.

Naturellement, on accusa le malheureux d'avoir simulé cette attaque contre lui-même. Mais, outre qu'il lui eût été impossible de se lier de cette façon, il fut établi que l'écriture de la carte différait absolument de l'écriture de Rozaine, et ressemblait au contraire, à s'y méprendre, à celle d'Arsène Lupin, telle que la reproduisait un ancien journal trouvé à bord.

Ainsi donc, Rozaine n'était plus Arsène Lupin. Rozaine était Rozaine, fils d'un négociant de Bordeaux ! Et la présence d'Arsène Lupin s'affirmait une fois de plus, et par quel acte redoutable !

Ce fut la terreur. On n'osa plus rester seul dans sa cabine, et pas davantage s'aventurer seul aux endroits trop écartés. Prudemment on se groupait entre gens sûrs les uns des autres. Et encore, une méfiance instinctive divisait les plus intimes. C'est que la menace ne provenait pas d'un individu isolé, et par là même moins dangereux. Arsène Lupin maintenant c'était... c'était tout le monde. Notre imagination surexcitée lui attribuait un pouvoir miraculeux et illimité. On le supposait capable de prendre les déguisements les plus inattendus, d'être tour à tour le respectable major Rawson ou le noble marquis de Raverdan, ou même, car on ne s'arrêtait plus à l'initiale accusatrice, ou même telle ou telle personne connue de tous, ayant femme, enfants, domestiques.

Les premières dépêches sans fil n'apportèrent aucune nouvelle. Du moins le commandant ne nous en fit point part, et un tel silence n'était pas pour nous rassurer.

Aussi, le dernier jour parut-il interminable. On vivait dans l'attente anxieuse d'un malheur. Cette fois, ce ne serait plus un vol, ce ne serait plus une simple agression, ce serait le crime, le meurtre. On n'admettait pas qu'Arsène Lupin s'en tînt à ces deux larcins insignifiants. Maître absolu du navire, les autorités réduites à l'impuissance, il n'avait qu'à vouloir, tout lui était permis, il disposait des biens et des existences.

Heures délicieuses pour moi, je l'avoue, car elles me valurent la confiance de miss Nelly. Impressionnée par tant d'événements, de nature déjà inquiète, elle chercha spontanément à mes côtés une protection, une sécurité que j'étais heureux de lui offrir.

Au fond, je bénissais Arsène Lupin. N'était-ce pas lui qui nous rapprochait ? N'était-ce pas grâce à lui que j'avais le droit de m'abandonner aux plus beaux rêves ? Rêves d'amour et rêves moins chimériques, pourquoi ne pas le confesser ? Les Andrézy sont de bonne souche poitevine, mais leur blason est quelque peu dédoré, et il ne me paraît pas indigne d'un gentilhomme de songer à rendre à son nom le lustre perdu.

Et ces rêves, je le sentais, n'offusquaient point Nelly. Ses yeux souriants m'autorisaient à les faire. La douceur de sa voix me disait d'espérer.

Et jusqu'au dernier moment, accoudés au bastingage, nous restâmes l'un près de l'autre, tandis que la ligne des côtes américaines voguait au-devant de nous.

On avait interrompu les perquisitions. On attendait. Depuis les premières jusqu'à l'entrepont où grouillaient les émigrants, on attendait la minute suprême où s'expliquerait enfin l'insoluble énigme. Qui était Arsène Lupin ? Sous quel nom, sous quel masque se cachait le fameux Arsène Lupin ?

Et cette minute suprême arriva. Dussé-je vivre cent ans, je n'en oublierais pas le plus infime détail.

– Comme vous êtes pâle, miss Nelly, dis-je à ma compagne qui s'appuyait à mon bras, toute défaillante.

– Et vous ! me répondit-elle, ah ! vous êtes si changé !

– Songez donc ! cette minute est passionnante, et je suis heureux de la vivre auprès de vous, miss Nelly. Il me semble que votre souvenir s'attardera quelquefois...

Elle n'écoutait pas, haletante et fiévreuse. La passerelle s'abattit. Mais avant que nous eussions la liberté de la franchir, des gens montèrent à bord, des douaniers, des hommes en uniforme, des facteurs.

Miss Nelly balbutia :

– On s'apercevrait qu'Arsène Lupin s'est échappé pendant la traversée que je n'en serais pas surprise.

– Il a peut-être préféré la mort au déshonneur, et plongé dans l'Atlantique plutôt que d'être arrêté.

– Ne riez pas, fit-elle, agacée.

Soudain, je tressaillis, et, comme elle me questionnait, je lui dis :

– Vous voyez ce vieux petit homme debout à l'extrémité de la passerelle...

– Avec un parapluie et une redingote vert olive ?

– C'est Ganimard.

– Ganimard ?

– Oui, le célèbre policier, celui qui a juré qu'Arsène Lupin serait arrêté de sa propre main. Ah ! je comprends que l'on n'ait pas eu de renseignements de ce côté de l'Océan. Ganimard était là. Il aime bien que personne ne s'occupe de ses petites affaires.

– Alors Arsène Lupin est sûr d'être pris ?

– Qui sait ? Ganimard ne l'a jamais vu, paraît-il, que grimé et déguisé. À moins qu'il ne connaisse son nom d'emprunt...

– Ah ! dit-elle, avec cette curiosité un peu cruelle de la femme, si je pouvais assister à l'arrestation !

– Patientons. Certainement Arsène Lupin a déjà remarqué la présence de son ennemi. Il préférera sortir parmi les derniers, quand l'œil du vieux sera fatigué.

Le débarquement commença. Appuyé sur son parapluie, l'air

indifférent, Ganimard ne semblait pas prêter attention à la foule qui se pressait entre les deux balustrades. Je notai qu'un officier du bord, posté derrière lui, le renseignait de temps à autre.

Le marquis de Raverdan, le major Rawson, l'Italien Rivolta défilèrent, et d'autres, et beaucoup d'autres... Et j'aperçus Rozaine qui s'approchait.

Pauvre Rozaine ! Il ne paraissait pas remis de ses mésaventures !

– C'est peut-être lui tout de même, me dit miss Nelly... Qu'en pensez-vous ?

– Je pense qu'il serait fort intéressant d'avoir sur une même photographie Ganimard et Rozaine. Prenez donc mon appareil, je suis si chargé.

Je le lui donnai, mais trop tard pour qu'elle s'en servît. Rozaine passait. L'officier se pencha à l'oreille de Ganimard, celui-ci haussa légèrement les épaules, et Rozaine passa.

Mais alors, mon Dieu, qui était Arsène Lupin ?

– Oui, fit-elle à haute voix, qui est-ce ?

Il n'y avait plus qu'une vingtaine de personnes. Elle les observait tour à tour avec la crainte confuse qu'il ne fût pas, lui, au nombre de ces vingt personnes.

Je lui dis :

– Nous ne pouvons attendre plus longtemps.

Elle s'avança. Je la suivis. Mais nous n'avions pas fait dix pas que Ganimard nous barra le passage.

– Eh bien, quoi ? m'écriai-je.

– Un instant, monsieur, qui vous presse ?

– J'accompagne mademoiselle.

– Un instant, répéta-t-il d'une voix plus impérieuse.

Il me dévisagea profondément, puis il me dit, les yeux dans les yeux :

– Arsène Lupin, n'est-ce pas ?

Je me mis à rire.

– Non, Bernard d'Andrézy, tout simplement.

– Bernard d'Andrézy est mort il y a trois ans en Macédoine.

– Si Bernard d'Andrézy était mort, je ne serais plus de ce monde. Et ce n'est pas le cas. Voici mes papiers.

– Ce sont les siens. Comment les avez-vous, c'est ce que j'aurai le plaisir de vous expliquer.

– Mais vous êtes fou ! Arsène Lupin s'est embarqué sous le nom de R.

– Oui, encore un truc de vous, une fausse piste sur laquelle vous les avez lancés, là-bas ! Ah ! vous êtes d'une jolie force, mon gaillard. Mais cette fois, la chance a tourné. Voyons, Lupin, montre-toi beau joueur.

J'hésitai une seconde. D'un coup sec il me frappa sur l'avant-bras droit. Je poussai un cri de douleur. Il avait frappé sur la blessure encore mal fermée que signalait le télégramme.

Allons, il fallait se résigner. Je me tournai vers miss Nelly. Elle écoutait, livide, chancelante.

Son regard rencontra le mien, puis s'abaissa sur le kodak que je lui avais remis. Elle fit un geste brusque, et j'eus l'impression, j'eus la certitude qu'elle comprenait tout à coup. Oui, c'était là, entre les parois étroites de chagrin noir, au creux du petit objet que j'avais eu la précaution de déposer entre ses mains avant que Ganimard ne m'arrêtât, c'était bien là que se trouvaient les vingt mille francs de Rozaine, les perles et les diamants de lady Jerland.

Ah ! je le jure, à ce moment solennel, alors que Ganimard et deux de ses acolytes m'entouraient, tout me fut indifférent, mon arrestation, l'hostilité des gens, tout, hors ceci : la résolution qu'allait prendre miss Nelly au sujet de ce que je lui avais confié.

Que l'on eût contre moi cette preuve matérielle et décisive, je ne songeais même pas à le redouter, mais cette preuve, miss Nelly se déciderait-elle à la fournir ?

Serais-je trahi par elle ? perdu par elle ? Agirait-elle en ennemie qui ne pardonne pas, ou bien en femme qui se souvient et dont le mépris s'adoucit d'un peu d'indulgence, d'un peu de sympathie involontaire ?

Elle passa devant moi. Je la saluai très bas, sans un mot. Mêlée aux autres voyageurs, elle se dirigea vers la passerelle, mon kodak à la main.

Sans doute, pensai-je, elle n'ose pas, en public. C'est dans une heure, dans un instant, qu'elle le donnera.

Mais arrivée au milieu de la passerelle, par un mouvement de maladresse simulée, elle le laissa tomber dans l'eau, entre le mur du quai et le flanc du navire.

Puis je la vis s'éloigner.

Sa jolie silhouette se perdit dans la foule, m'apparut de nouveau et disparut. C'était fini, fini pour jamais.

Un instant, je restai immobile, triste à la fois et pénétré d'un doux attendrissement, puis je soupirai, au grand étonnement de Ganimard :

– Dommage, tout de même, de ne pas être un honnête homme...

C'était ainsi qu'un soir d'hiver, Arsène Lupin me raconta l'histoire de son arrestation. Le hasard d'incidents dont j'écrirai quelque jour le récit avait noué entre nous des liens... dirais-je d'amitié ? Oui, j'ose croire qu'Arsène Lupin m'honore de quelque amitié, et que c'est par amitié qu'il arrive parfois chez moi à l'improviste, apportant, dans le silence de mon cabinet de travail, sa gaieté juvénile, le rayonnement de sa vie ardente, sa belle humeur d'homme pour qui la destinée n'a que faveurs et sourires.

Son portrait ? Comment pourrais-je le faire ? Vingt fois j'ai vu Arsène Lupin, et vingt fois c'est un être différent qui m'est apparu... ou plutôt, le même être dont vingt miroirs m'auraient renvoyé autant d'images déformées, chacune ayant ses yeux particuliers, sa forme spéciale de figure, son geste propre, sa silhouette et son caractère.

– Moi-même, me dit-il, je ne sais plus bien qui je suis. Dans une glace je ne me reconnais plus.

Boutade, certes, et paradoxe, mais vérité à l'égard de ceux qui le rencontrent et qui ignorent ses ressources infinies, sa patience, son art du maquillage, sa prodigieuse faculté de transformer jusqu'aux proportions de son visage, et d'altérer le rapport même de ses traits entre eux.

– Pourquoi, dit-il encore, aurais-je une apparence définie ? Pourquoi ne pas éviter ce danger d'une personnalité toujours identique ? Mes actes me désignent suffisamment.

Et il précise, avec une pointe d'orgueil :

– Tant mieux si l'on ne peut jamais dire en toute certitude : voici Arsène Lupin. L'essentiel est qu'on dise sans crainte d'erreur : Arsène Lupin a fait cela.

Ce sont quelques-uns de ces actes, quelques-unes de ces aventures que j'essaie de reconstituer, d'après les confidences dont il eut la bonne grâce de me favoriser, certains soirs d'hiver, dans le silence de mon cabinet de travail...

2

Arsène Lupin en prison

Il n'est point de touriste digne de ce nom qui ne connaisse les bords de la Seine, et qui n'ait remarqué, en allant des ruines de Jumièges aux ruines de Saint-Wandrille, l'étrange petit château féodal du Malaquis, si fièrement campé sur sa roche, en pleine rivière. L'arche d'un pont le relie à la route. La base de ses tourelles sombres se confond avec le granit qui le supporte, bloc énorme détaché d'on ne sait quelle montagne et jeté là par quelque formidable convulsion. Tout autour, l'eau calme du grand fleuve joue parmi les roseaux, et des bergeronnettes tremblent sur la crête humide des cailloux.

L'histoire du Malaquis est rude comme son nom, revêche comme sa silhouette. Ce ne fut que combats, sièges, assauts, rapines et massacres. Aux veillées du pays de Caux, on évoque en frissonnant les crimes qui s'y commirent. On raconte de mystérieuses légendes. On parle du fameux souterrain qui conduisait jadis à l'abbaye de Jumièges et au manoir d'Agnès Sorel, la belle amie de Charles VII.

Dans cet ancien repaire de héros et de brigands, habite le baron Nathan Cahorn, le baron Satan, comme on l'appelait jadis à la Bourse où il s'est enrichi un peu trop brusquement. Les seigneurs du Malaquis, ruinés, ont dû lui vendre, pour un morceau de pain, la demeure de leurs ancêtres. Il y a installé ses admirables collections de meubles et de tableaux, de faïences et de bois sculptés. Il y vit seul, avec trois vieux domestiques. Nul n'y pénètre jamais. Nul n'a jamais contemplé dans le décor de ces salles antiques les trois Rubens, qu'il possède, ses deux Watteau, sa chaire de Jean Goujon, et tant d'autres merveilles arrachées à coups de billets de banque aux plus riches habitués des ventes publiques.

Le baron Satan a peur. Il a peur non point pour lui, mais pour les trésors accumulés avec une passion si tenace et la perspicacité d'un amateur que les plus madrés des marchands ne peuvent se vanter d'avoir induit en erreur. Il les aime. Il les aime âprement, comme un avare ; jalousement, comme un amoureux.

Chaque jour, au coucher du soleil, les quatre portes bardées de fer, qui commandent les deux extrémités du pont et l'entrée de la cour d'honneur, sont fermées et verrouillées. Au moindre choc, des sonneries électriques vibreraient dans le silence. Du côté de la Seine, rien à craindre : le roc s'y dresse à pic.

Or, un vendredi de septembre, le facteur se présenta comme d'ordinaire à la tête de pont. Et, selon la règle quotidienne, ce fut le baron qui entrebâilla le lourd battant.

Il examina l'homme aussi minutieusement que s'il ne connaissait pas déjà, depuis des années, cette bonne face réjouie et ces yeux narquois de paysan, et l'homme lui dit en riant :

– C'est toujours moi, monsieur le baron. Je ne suis pas un autre qui aurait pris ma blouse et ma casquette.

– Sait-on jamais ? murmura Cahorn.

Le facteur lui remit une pile de journaux. Puis il ajouta :

– Et maintenant, monsieur le baron, il y a du nouveau.

– Du nouveau ?

– Une lettre... et recommandée, encore.

Isolé, sans ami ni personne qui s'intéressât à lui, jamais le baron ne recevait de lettre, et tout de suite cela lui parut un événement de mauvais augure dont il y avait lieu de s'inquiéter. Quel était ce mystérieux correspondant qui venait le relancer dans sa retraite ?

– Il faut signer, monsieur le baron.

Il signa en maugréant. Puis il prit la lettre, attendit que le facteur eût disparu au tournant de la route, et après avoir fait quelques pas de long en large, il s'appuya contre le parapet du pont et déchira l'enveloppe. Elle portait une feuille de papier quadrillé avec cet en-tête manuscrit : *Prison de la Santé, Paris*. Il regarda la signature : *Arsène Lupin*. Stupéfait, il lut :

Monsieur le baron,

Il y a, dans la galerie qui réunit vos deux salons, un tableau de Philippe de Champaigne d'excellente facture et qui me plaît infiniment. Vos Rubens sont aussi de mon goût, ainsi que votre plus petit Watteau. Dans le salon de droite, je note la crédence Louis XIII, les tapisseries de Beauvais, le guéridon Empire signé Jacob et le bahut Renaissance. Dans celui de gauche, toute la vitrine des bijoux et des miniatures.

Pour cette fois, je me contenterai de ces objets qui seront, je crois, d'un écoulement facile. Je vous prie donc de les faire emballer convenablement et de les expédier à mon nom (port payé), en gare des Batignolles, avant huit jours... faute de quoi, je ferai procéder moi-même à leur déménagement dans la nuit du mercredi 27 au jeudi 28 septembre. Et, comme de juste, je ne me contenterai pas des objets sus-indiqués.

Veuillez excuser le petit dérangement que je vous cause, et accepter l'expression de mes sentiments de respectueuse considération.

Arsène Lupin.

P.-S. – Surtout ne pas m'envoyer le plus grand des Watteau. Quoique vous l'ayez payé trente mille francs à l'Hôtel des Ventes, ce n'est qu'une copie, l'original ayant été brûlé, sous le Directoire, par Barras, un soir d'orgie. Consulter les Mémoires inédits de Garat.

Je ne tiens pas non plus à la châtelaine Louis XV dont l'authenticité me semble douteuse.

Cette lettre bouleversa le baron Cahorn. Signée de tout autre, elle l'eût déjà considérablement alarmé, mais signée d'Arsène Lupin !

Lecteur assidu des journaux, au courant de tout ce qui se passait dans le monde en fait de vol et de crime, il n'ignorait rien des exploits de l'infernal cambrioleur. Certes, il savait que Lupin, arrêté en Amérique par son ennemi Ganimard, était bel et bien incarcéré, que l'on instruisait son procès – avec quelle peine ! Mais il savait aussi que l'on pouvait s'attendre à tout de sa part. D'ailleurs, cette connaissance exacte du château, de la disposition des tableaux et des meubles, était un indice des plus redoutables. Qui l'avait renseigné sur des choses que nul n'avait vues ?

Le baron leva les yeux et contempla la silhouette farouche du Malaquis, son piédestal abrupt, l'eau profonde qui l'entoure, et haussa les épaules. Non, décidément, il n'y avait point de danger. Personne au monde ne pouvait pénétrer jusqu'au sanctuaire inviolable de ses collections.

Personne, soit, mais Arsène Lupin ? Pour Arsène Lupin, est-ce qu'il existe des portes, des ponts-levis, des murailles ? À quoi servent les obstacles les mieux imaginés, les précautions les plus habiles, si Arsène Lupin a décidé d'atteindre le but ?

Le soir même, il écrivit au procureur de la République de Rouen. Il envoyait la lettre de menaces et réclamait aide et protection.

La réponse ne tarda point : le nommé Arsène Lupin étant actuellement détenu à la Santé, surveillé de près, et dans l'impossibilité d'écrire, la lettre ne pouvait être que l'œuvre d'un mystificateur. Tout le démontrait, la logique et le bon sens, comme la réalité des faits. Toutefois, et par excès de prudence, on avait commis un expert à l'examen de l'écriture, et l'expert déclarait que, malgré certaines analogies, cette écriture n'était pas celle du détenu.

« *Malgré certaines analogies* », le baron ne retint que ces trois mots effarants, où il voyait l'aveu d'un doute qui, à lui seul, aurait dû suffire pour que la justice intervînt. Ses craintes s'exaspérèrent. Il ne cessait de relire la lettre. « *Je ferai procéder moi-même au déménagement.* » Et cette date précise : la nuit du mercredi 27 au jeudi 28 septembre !...

Soupçonneux et taciturne, il n'avait pas osé se confier à ses domestiques, dont le dévouement ne lui paraissait pas à l'abri de toute épreuve. Cependant, pour la première fois depuis des années, il éprouvait le besoin de parler, de prendre conseil. Abandonné par la justice de son pays, il n'espérait plus se défendre avec ses propres ressources, et il fut sur le point d'aller jusqu'à Paris et d'implorer l'assistance de quelque ancien policier.

Deux jours s'écoulèrent. Le troisième, en lisant ses journaux, il tressaillit de joie. *Le Réveil de Caudebec* publiait cet entrefilet :

Nous avons le plaisir de posséder dans nos murs, depuis bientôt trois semaines, l'inspecteur principal Ganimard, un des vétérans du service de la Sûreté. M. Ganimard, à qui l'arrestation d'Arsène Lupin, sa dernière prouesse, a valu une réputation européenne, se repose de ses longues fatigues en taquinant le goujon et l'ablette.

Ganimard ! voilà bien l'auxiliaire que cherchait le baron Cahorn ! Qui mieux que le retors et patient Ganimard saurait déjouer les projets de Lupin ?

Le baron n'hésita pas. Six kilomètres séparent le château de la petite ville de Caudebec. Il les franchit d'un pas allègre, en homme que surexcite l'espoir du salut.

Après plusieurs tentatives infructueuses pour connaître l'adresse de l'inspecteur principal, il se dirigea vers les bureaux du *Réveil,* situés au milieu du quai. Il y trouva le rédacteur de l'entrefilet, qui, s'approchant de la fenêtre, s'écria :

– Ganimard ? mais vous êtes sûr de le rencontrer le long du quai, la ligne à la main. C'est là que nous avons lié connaissance, et que j'ai lu par hasard son nom gravé sur sa canne à pêche. Tenez, le petit vieux que l'on aperçoit là-bas, sous les arbres de la promenade.

– En redingote et en chapeau de paille ?

– Justement ! Ah ! un drôle de type pas causeur et plutôt bourru.

Cinq minutes après, le baron abordait le célèbre Ganimard, se présentait et tâchait d'entrer en conversation. N'y parvenant point, il aborda franchement la question et exposa son cas.

L'autre écouta, immobile, sans perdre de vue le poisson qu'il guettait, puis il tourna la tête vers lui, le toisa des pieds à la tête d'un air de profonde pitié, et prononça :

– Monsieur, ce n'est guère l'habitude de prévenir les gens que l'on veut dépouiller. Arsène Lupin, en particulier, ne commet pas de pareilles bourdes.

– Cependant...

– Monsieur, si j'avais le moindre doute, croyez bien que le plaisir de fourrer encore dedans ce cher Lupin, l'emporterait sur toute autre considération. Par malheur, ce jeune homme est sous les verrous.

– S'il s'échappe ?...

– On ne s'échappe pas de la Santé.

– Mais lui...

– Lui pas plus qu'un autre.

– Cependant...

– Eh bien, s'il s'échappe, tant mieux, je le repincerai. En attendant, dormez sur vos deux oreilles, et n'effarouchez pas davantage cette ablette.

La conversation était finie. Le baron retourna chez lui, un peu rassuré par l'insouciance de Ganimard. Il vérifia les serrures, espionna les domestiques, et quarante-huit heures se passèrent pendant lesquelles il arriva presque à se persuader que, somme toute, ses craintes étaient chimériques. Non, décidément, comme l'avait dit Ganimard, on ne prévient pas les gens que l'on veut dépouiller.

La date approchait. Le matin du mardi, veille du 27, rien de particulier. Mais à trois heures, un gamin sonna. Il apportait une dépêche.

Aucun colis en gare Batignolles. Préparez tout pour demain soir.

Arsène.

De nouveau, ce fut l'affolement, à tel point qu'il se demanda s'il ne céderait pas aux exigences d'Arsène Lupin.

Il courut à Caudebec. Ganimard pêchait à la même place, assis sur un pliant. Sans un mot, il lui tendit le télégramme.

– Et après ? fit l'inspecteur.

– Après ? mais c'est pour demain !

– Quoi ?

– Le cambriolage ! le pillage de mes collections !

Ganimard déposa sa ligne, se tourna vers lui, et, les deux bras croisés sur sa poitrine, s'écria d'un ton d'impatience :

– Ah çà ! est-ce que vous vous imaginez que je vais m'occuper d'une histoire aussi stupide !

– Quelle indemnité demandez-vous pour passer au château la nuit du 27 au 28 septembre ?

– Pas un sou, fichez-moi la paix.

– Fixez votre prix, je suis riche, extrêmement riche.

La brutalité de l'offre déconcerta Ganimard qui reprit, plus calme :

– Je suis ici en congé et je n'ai pas le droit de me mêler...

– Personne ne le saura. Je m'engage, quoi qu'il arrive, à garder le silence.

– Oh ! il n'arrivera rien.

– Eh bien, voyons, trois mille francs, est-ce assez ?

L'inspecteur huma une prise de tabac, réfléchit, et laissa tomber :

– Soit. Seulement, je dois vous déclarer loyalement que c'est de l'argent jeté par la fenêtre.

– Ça m'est égal.

– En ce cas... Et puis, après tout, est-ce qu'on sait, avec ce diable de Lupin ! Il doit avoir à ses ordres toute une bande... Êtes-vous sûr de vos domestiques ?

– Ma foi...

– Alors, ne comptons pas sur eux. Je vais prévenir par dépêche deux gaillards de mes amis qui nous donneront plus de sécurité... Et maintenant, filez, qu'on ne nous voie pas ensemble. À demain, vers les neuf heures.

Le lendemain, date fixée par Arsène Lupin, le baron Cahorn décrocha sa panoplie, fourbit ses armes, et se promena aux alentours du Malaquis. Rien d'équivoque ne le frappa.

Le soir, à huit heures et demie, il congédia ses domestiques. Ils habitaient une aile en façade sur la route, mais un peu en retrait, et tout au bout du château. Une fois seul, il ouvrit doucement les quatre portes. Après un moment, il entendit des pas qui s'approchaient.

Ganimard présenta ses deux auxiliaires, grands gars solides, au cou de taureau et aux mains puissantes, puis demanda certaines explications. S'étant rendu compte de la disposition des lieux, il ferma soigneusement et barricada toutes les issues par où l'on pouvait pénétrer dans les salles menacées. Il inspecta les murs, souleva les tapisseries, puis enfin il installa ses agents dans la galerie centrale.

– Pas de bêtises, hein ? On n'est pas ici pour dormir. À la moindre alerte, ouvrez les fenêtres de la cour et appelez-moi. Attention aussi du côté de l'eau. Dix mètres de falaise droite, des diables de leur calibre, ça ne les effraye pas.

Il les enferma, emporta les clefs, et dit au baron :

– Et maintenant, à notre poste.

Il avait choisi, pour y passer la nuit, une petite pièce pratiquée dans l'épaisseur des murailles d'enceinte, entre les deux portes principales, et qui était, jadis, le réduit du veilleur. Un judas s'ouvrait sur le pont, un autre sur la cour. Dans un coin on apercevait comme l'orifice d'un puits.

– Vous m'avez bien dit, monsieur le baron, que ce puits était l'unique entrée des souterrains, et que, de mémoire d'homme, elle est bouchée ?

– Oui.

– Donc, à moins qu'il n'existe une autre issue ignorée de tous, sauf d'Arsène Lupin, ce qui semble un peu problématique, nous sommes tranquilles.

Il aligna trois chaises, s'étendit confortablement, alluma sa pipe et soupira :

– Vraiment, monsieur le baron, il faut que j'aie rudement envie d'ajouter un étage à la maisonnette où je dois finir mes jours, pour accepter une besogne aussi élémentaire. Je raconterai l'histoire à l'ami Lupin, il se tiendra les côtes de rire.

Le baron ne riait pas. L'oreille aux écoutes, il interrogeait le silence avec une inquiétude croissante. De temps en temps il se penchait sur le puits et plongeait dans le trou béant un œil anxieux.

Onze heures, minuit, une heure sonnèrent.

Soudain, il saisit le bras de Ganimard qui se réveilla en sursaut.

– Vous entendez ?

– Oui.

– Qu'est-ce que c'est ?

– C'est moi qui ronfle !

– Mais non, écoutez...

– Ah ! parfaitement, c'est la corne d'une automobile.

– Eh bien ?

– Eh bien ! il est peu probable que Lupin se serve d'une automobile comme d'un bélier pour démolir votre château. Aussi, monsieur le baron, à votre place, je dormirais... comme je vais avoir l'honneur de le faire à nouveau. Bonsoir.

Ce fut la seule alerte. Ganimard put reprendre son somme interrompu, et le baron n'entendit plus que son ronflement sonore et régulier.

Au petit jour, ils sortirent de leur cellule. Une grande paix sereine, la paix du matin au bord de l'eau fraîche, enveloppait le château. Cahorn radieux de joie, Ganimard toujours paisible, ils montèrent l'escalier. Aucun bruit. Rien de suspect.

– Que vous avais-je dit, monsieur le baron ? Au fond, je n'aurais pas dû accepter... Je suis honteux...

Il prit les clefs et entra dans la galerie.

Sur deux chaises, courbés, les bras ballants, les deux agents dormaient.

– Tonnerre de nom d'un chien ! grogna l'inspecteur.

Au même instant, le baron poussait un cri :

– Les tableaux !... la crédence !...

Il balbutiait, suffoquait, la main tendue vers les places vides, vers les murs dénudés où pointaient les clous, où pendaient les cordes inutiles. Le Watteau, disparu ! Les Rubens, enlevés ! Les tapisseries, décrochées ! Les vitrines, vidées de leurs bijoux !

– Et mes candélabres Louis XVI !... et le chandelier du Régent !... et ma Vierge du douzième !...

Il courait d'un endroit à l'autre, effaré, désespéré. Il rappelait ses prix d'achat, additionnait les pertes subies, accumulait des chiffres, tout cela pêle-mêle, en mots indistincts, en phrases inachevées. Il trépignait, il se convulsait, fou de rage et de douleur. On aurait dit un homme ruiné qui n'a plus qu'à se brûler la cervelle.

Si quelque chose eût pu le consoler, c'eût été de voir la stupeur de Ganimard. Contrairement au baron, l'inspecteur ne bougeait pas, lui. Il semblait pétrifié, et d'un œil vague, il examinait les choses. Les fenêtres ? fermées. Les serrures des portes ? intactes. Pas de brèche au plafond. Pas de trou au plancher. L'ordre était parfait. Tout cela avait dû s'effectuer méthodiquement, d'après un plan inexorable et logique.

– Arsène Lupin... Arsène Lupin, murmura-t-il, effondré.

Soudain, il bondit sur les deux agents, comme si la colère enfin le secouait, et il les bouscula furieusement et les injuria. Ils ne se réveillèrent point !

– Diable, fit-il, est-ce que par hasard ?...

Il se pencha sur eux, et, tour à tour, les observa avec attention : ils dormaient, mais d'un sommeil qui n'était pas naturel.

Il dit au baron :

– On les a endormis.

– Mais qui ?

– Eh ! lui, parbleu !... ou sa bande, mais dirigée par lui. C'est un coup de sa façon. La griffe y est bien.

– En ce cas, je suis perdu, rien à faire.

– Rien à faire.

– Mais c'est abominable, c'est monstrueux.

– Déposez une plainte.

– À quoi bon ?

– Dame ! essayez toujours... la justice a des ressources...

– La justice ! mais vous voyez bien par vous-même... Tenez, en ce moment, où vous pourriez chercher un indice, découvrir quelque chose, vous ne bougez même pas.

– Découvrir quelque chose, avec Arsène Lupin ! Mais, mon cher monsieur, Arsène Lupin ne laisse jamais rien derrière lui ! Il n'y a pas de hasard avec Arsène Lupin ! J'en suis à me demander si ce n'est pas volontairement qu'il s'est fait arrêter par moi, en Amérique !

– Alors, je dois renoncer à mes tableaux, à tout ! Mais ce sont les perles de ma collection qu'il m'a dérobées. Je donnerais une fortune pour les retrouver. Si on ne peut rien contre lui, qu'il dise son prix !

Ganimard le regarda fixement.

– Ça, c'est une parole sensée. Vous ne la retirez pas ?

– Non, non, non. Mais pourquoi ?

– Une idée que j'ai.

– Quelle idée ?

– Nous en reparlerons si l'enquête n'aboutit pas... Seulement, pas un mot de moi, si vous voulez que je réussisse.

Il ajouta entre ses dents :

– Et puis, vrai, je n'ai pas de quoi me vanter.

Les deux agents reprenaient peu à peu connaissance, avec cet air hébété de ceux qui sortent du sommeil hypnotique. Ils ouvraient des yeux étonnés, ils cherchaient à comprendre. Quand Ganimard les interrogea, ils ne se souvenaient de rien.

– Cependant, vous avez dû voir quelqu'un ?

– Non.

– Rappelez-vous ?

– Non, non.

– Et vous n'avez pas bu ?

Ils réfléchirent, et l'un d'eux répondit :

– Si, moi j'ai bu un peu d'eau.

– De l'eau de cette carafe ?

– Oui.

– Moi aussi, déclara le second.

Ganimard la sentit, la goûta. Elle n'avait aucun goût spécial, aucune odeur.

– Allons, fit-il, nous perdons notre temps. Ce n'est pas en cinq minutes que l'on résout les problèmes posés par Arsène Lupin. Mais, morbleu, je jure bien que je le repincerai. Il gagne la seconde manche. À moi la belle !

Le jour même, une plainte en vol qualifié était déposée par le baron Cahorn contre Arsène Lupin, détenu à la Santé !

Cette plainte, le baron la regretta souvent quand il vit le Malaquis livré aux gendarmes, au procureur, au juge d'instruction, aux journalistes, à tous les curieux qui s'insinuent partout où ils ne devraient pas être.

L'affaire passionnait déjà l'opinion. Elle se produisait dans des conditions si particulières, le nom d'Arsène Lupin excitait à tel point les imaginations, que les histoires les plus fantaisistes remplissaient les colonnes des journaux et trouvaient créance auprès du public.

Mais la lettre initiale d'Arsène Lupin, que publia l'*Écho de France* (et nul ne sut jamais qui en avait communiqué le texte), cette lettre où le baron Cahorn était effrontément prévenu de ce qui le menaçait, causa une émotion considérable. Aussitôt des explications fabuleuses furent proposées. On rappela l'existence des fameux souterrains. Et le Parquet, influencé, poussa ses recherches dans ce sens.

On fouilla le château du haut en bas. On questionna chacune des pierres. On étudia les boiseries et les cheminées, les cadres des glaces et les poutres des plafonds. À la lueur des torches on examina les caves immenses où les seigneurs du Malaquis entassaient jadis leurs munitions et leurs provisions. On sonda les entrailles du rocher. Ce fut vainement. On ne découvrit pas le moindre vestige de souterrain. Il n'existait point de passage secret.

Soit, répondait-on de tous côtés, mais des meubles et des tableaux ne s'évanouissent pas comme des fantômes. Cela s'en va par des portes et par des fenêtres, et les gens qui s'en emparent s'introduisent et s'en vont également par des portes et des fenêtres. Quels sont ces gens ? Comment se sont-ils introduits ? Et comment s'en sont-ils allés ?

Le parquet de Rouen, convaincu de son impuissance, sollicita le secours d'agents parisiens. M. Dudouis, le chef de la Sûreté, envoya ses meilleurs limiers de la brigade de fer. Lui-même fit un séjour de quarante-huit heures au Malaquis. Il ne réussit pas davantage.

C'est alors qu'il manda l'inspecteur Ganimard dont il avait eu si souvent l'occasion d'apprécier les services.

Ganimard écouta silencieusement les instructions de son supérieur, puis, hochant la tête, il prononça :

– Je crois que l'on fait fausse route en s'obstinant à fouiller le château. La solution est ailleurs.

– Et où donc ?

– Auprès d'Arsène Lupin.

– Auprès d'Arsène Lupin ! Supposer cela, c'est admettre son intervention.

– Je l'admets. Bien plus, je la considère comme certaine.

– Voyons, Ganimard, c'est absurde. Arsène Lupin est en prison.

– Arsène Lupin est en prison, soit. Il est surveillé, je vous l'accorde. Mais il aurait les fers aux pieds, les cordes aux poignets et un bâillon sur la bouche, que je ne changerais pas d'avis.

– Et pourquoi cette obstination ?

– Parce que, seul, Arsène Lupin est de taille à combiner une machination de cette envergure, et à la combiner de telle façon qu'elle réussisse... comme elle a réussi.

– Des mots, Ganimard !

– Qui sont des réalités. Mais voilà, qu'on ne cherche pas de souterrain, de pierres tournant sur un pivot, et autres balivernes de ce calibre. Notre individu n'emploie pas des procédés aussi vieux jeu. Il est d'aujourd'hui, ou plutôt de demain.

– Et vous concluez ?

– Je conclus en vous demandant nettement l'autorisation de passer une heure avec lui.

– Dans sa cellule ?

– Oui. Au retour d'Amérique nous avons entretenu, pendant la traversée, d'excellents rapports, et j'ose dire qu'il a quelque sympathie pour celui qui a su l'arrêter. S'il peut me renseigner sans se compromettre, il n'hésitera pas à m'éviter un voyage inutile.

Il était un peu plus de midi lorsque Ganimard fut introduit dans la cellule d'Arsène Lupin. Celui-ci, étendu sur son lit, leva la tête et poussa un cri de joie.

– Ah ! ça, c'est une vraie surprise. Ce cher Ganimard, ici !

– Lui-même.

– Je désirais bien des choses dans la retraite que j'ai choisie... mais aucune plus passionnément que de t'y recevoir.

– Trop aimable.

– Mais non, mais non, je professe pour toi la plus vive estime.

– J'en suis fier.

– Je l'ai toujours prétendu : Ganimard est notre meilleur détective. Il vaut presque – tu vois que je suis franc – il vaut presque Sherlock Holmes. Mais, en vérité, je suis désolé de n'avoir à t'offrir que cet escabeau. Et pas un rafraîchissement ! pas un verre de bière ! Excuse-moi, je suis là de passage.

Ganimard s'assit en souriant, et le prisonnier reprit, heureux de parler :

– Mon Dieu, que je suis content de reposer mes yeux sur la figure d'un honnête homme ! J'en ai assez de toutes ces faces d'espions et de mouchards qui passent dix fois par jour la revue de mes poches et de ma modeste cellule, pour s'assurer que je ne prépare pas une évasion. Fichtre, ce que le gouvernement tient à moi !...

– Il a raison.

– Mais non ! je serais si heureux qu'on me laissât vivre dans mon petit coin !

– Avec les rentes des autres.

– N'est-ce pas ? Ce serait si simple ! Mais je bavarde, je dis des bêtises, et tu es peut-être pressé. Allons au fait, Ganimard ! Qu'est-ce qui me vaut l'honneur d'une visite ?

– L'affaire Cahorn, déclara Ganimard, sans détour.

– Halte-là ! une seconde... C'est que j'en ai tant, d'affaires ! Que je trouve d'abord dans mon cerveau le dossier de l'affaire Cahorn... Ah ! voilà, j'y suis. Affaire Cahorn, château du Malaquis, Seine-Inférieure... Deux Rubens, un Watteau, et quelques menus objets.

– Menus !

– Oh ! ma foi, tout cela est de médiocre importance. Il y a mieux ! Mais il suffit que l'affaire t'intéresse... Parle donc, Ganimard.

– Dois-je t'expliquer où nous en sommes de l'instruction ?

– Inutile. J'ai lu les journaux de ce matin. Je me permettrai même de te dire que vous n'avancez pas vite.

– C'est précisément la raison pour laquelle je m'adresse à ton obligeance.

– Entièrement à tes ordres.

– Tout d'abord ceci : l'affaire a bien été conduite par toi ?

– Depuis A jusqu'à Z.

– La lettre d'avis ? le télégramme ?

– Sont de ton serviteur. Je dois même en avoir quelque part les récépissés.

Arsène ouvrit le tiroir d'une petite table en bois blanc qui composait, avec le lit et l'escabeau, tout le mobilier de la cellule, y prit deux chiffons de papier et les tendit à Ganimard.

– Ah çà ! mais, s'écria celui-ci, je te croyais gardé à vue et fouillé pour un oui ou pour un non. Or tu lis les journaux, tu collectionnes les reçus de la poste...

– Bah ! ces gens sont si bêtes ! Ils décousent la doublure de ma veste, ils explorent les semelles de mes bottines, ils auscultent les murs de cette pièce, mais pas un n'aurait l'idée qu'Arsène Lupin soit assez niais pour choisir une cachette aussi facile. C'est bien là-dessus que j'ai compté.

Ganimard, amusé, s'exclama :

– Quel drôle de garçon ! Tu me déconcertes. Allons, raconte-moi l'aventure.

– Oh ! oh ! comme tu y vas ! T'initier à tous mes secrets... te dévoiler mes petits trucs... C'est bien grave.

– Ai-je eu tort de compter sur ta complaisance ?

– Non, Ganimard, et puisque tu insistes...

Arsène Lupin arpenta deux ou trois fois sa chambre, puis s'arrêtant :

– Que penses-tu de ma lettre au baron ?

– Je pense que tu as voulu te divertir, épater un peu la galerie.

– Ah ! voilà, épater la galerie ! Eh bien, je t'assure, Ganimard, que je te croyais plus fort. Est-ce que je m'attarde à ces puérilités, moi, Arsène Lupin ! Est-ce que j'aurais écrit cette lettre, si j'avais pu dévaliser le baron sans lui écrire ? Mais comprends donc, toi et les autres, que cette lettre est le point de départ indispensable, le ressort qui a mis toute la machination en branle. Voyons, procédons par ordre, et préparons ensemble, si tu veux, le cambriolage du Malaquis.

– Je t'écoute.

– Donc, supposons un château rigoureusement fermé, barricadé, comme l'était celui du baron Cahorn. Vais-je abandonner la partie et renoncer à des trésors que je convoite, sous prétexte que le château qui les contient est inaccessible ?

– Évidemment non.

– Vais-je tenter l'assaut comme autrefois, à la tête d'une troupe d'aventuriers ?

– Enfantin !

– Vais-je m'y introduire sournoisement ?

– Impossible.

– Reste un moyen, l'unique à mon avis, c'est de me faire inviter par le propriétaire dudit château.

– Le moyen est original.

– Et combien facile ! Supposons qu'un jour, ledit propriétaire reçoive une lettre, l'avertissant de ce que trame contre lui un nommé Arsène Lupin, cambrioleur réputé. Que fera-t-il ?

– Il enverra la lettre au procureur.

– Qui se moquera de lui, *puisque ledit Lupin est actuellement sous les verrous*. Donc, affolement du bonhomme, lequel est tout prêt à demander secours au premier venu, n'est-il pas vrai ?

– Cela est hors de doute.

– Et s'il lui arrive de lire dans une feuille de chou qu'un policier célèbre est en villégiature dans la localité voisine...

– Il ira s'adresser à ce policier.

– Tu l'as dit. Mais, d'autre part, admettons qu'en prévision de cette démarche inévitable, Arsène Lupin ait prié l'un de ses amis les plus habiles de s'installer à Caudebec, d'entrer en relations avec un rédacteur du *Réveil,* journal auquel est abonné le baron, de laisser entendre qu'il est un tel, le policier célèbre, qu'adviendra-t-il ?

– Que le rédacteur annoncera dans *Le Réveil* la présence à Caudebec dudit policier.

– Parfait, et de deux choses l'une : ou bien le poisson – je veux dire Cahorn – ne mord pas à l'hameçon, et alors rien ne se passe. Ou bien, et c'est l'hypothèse la plus vraisemblable, il accourt, tout frétillant. Et voilà donc mon Cahorn implorant contre moi l'assistance de l'un de mes amis !

– De plus en plus original.

– Bien entendu, le pseudo-policier refuse d'abord son concours. Là-dessus, dépêche d'Arsène Lupin. Épouvante du baron qui supplie de nouveau mon ami, et lui offre tant pour veiller à son salut. Ledit ami accepte, amène deux gaillards de notre bande, qui, la nuit, pendant que Cahorn est gardé à vue par son protecteur, déménagent par la fenêtre un certain nombre d'objets et les laissent glisser, à l'aide de cordes, dans une bonne petite chaloupe affrétée *ad hoc*. C'est simple comme Lupin.

– Et c'est tout bêtement merveilleux, s'écria Ganimard, et je ne saurais trop louer la hardiesse de la conception et l'ingéniosité des détails. Mais je ne vois guère de policier assez illustre pour que son nom ait pu attirer, suggestionner le baron à ce point.

– Il y en a un, et il n'y en a qu'un.

– Lequel ?

– Celui du plus illustre, de l'ennemi personnel d'Arsène Lupin, bref, de l'inspecteur Ganimard.

– Moi !

– Toi-même, Ganimard. Et voilà ce qu'il y a de délicieux : si tu vas là-bas et que le baron se décide à causer, tu finiras par découvrir que ton devoir est de t'arrêter toi-même, comme tu m'as arrêté en Amérique. Hein ! la revanche est comique : je fais arrêter Ganimard par Ganimard !

Arsène Lupin riait de bon cœur. L'inspecteur, assez vexé, se mordait les lèvres. La plaisanterie ne lui semblait pas mériter de tels accès de joie.

L'arrivée d'un gardien lui donna le loisir de se remettre. L'homme apportait le repas qu'Arsène Lupin, par faveur spéciale, faisait venir du restaurant voisin. Ayant déposé le plateau sur la table, il se retira. Arsène s'installa, rompit son pain, en mangea deux ou trois bouchées et reprit :

– Mais sois tranquille, mon cher Ganimard, tu n'iras pas là-bas. Je vais te révéler une chose qui te stupéfiera : l'affaire Cahorn est sur le point d'être classée.

– Hein ?

– Sur le point d'être classée, te dis-je.

– Allons donc, je quitte à l'instant le chef de la Sûreté.

– Et après ? Est-ce que M. Dudouis en sait plus long que moi sur ce qui me concerne ? Tu apprendras que Ganimard – excuse-moi –, que le pseudo-Ganimard est resté en fort bons termes avec le baron. Celui-ci, et c'est la raison principale pour laquelle il n'a rien avoué, l'a chargé de la très délicate mission de négocier avec moi une transaction, et à l'heure présente, moyennant une certaine somme, il est probable que le baron est rentré en possession de ses chers bibelots. En retour de quoi, il retirera sa plainte. Donc, plus de vol. Donc, il faudra bien que le parquet abandonne...

Ganimard considéra le détenu d'un air stupéfait.

– Et comment sais-tu tout cela ?

– Je viens de recevoir la dépêche que j'attendais.

– Tu viens de recevoir une dépêche ?

– À l'instant, cher ami. Par politesse, je n'ai pas voulu la lire en ta présence. Mais si tu m'y autorises...

– Tu te moques de moi, Lupin.

– Veuille, mon cher ami, décapiter doucement cet œuf à la coque. Tu constateras par toi-même que je ne me moque pas de toi.

Machinalement, Ganimard obéit, et cassa l'œuf avec la lame d'un couteau. Un cri de surprise lui échappa. La coque vide contenait une feuille de papier bleu. Sur la prière d'Arsène, il la déplia. C'était un télégramme, ou plutôt une partie de télégramme auquel on avait arraché les indications de la poste. Il lut :

Accord conclu. Cent mille balles livrées. Tout va bien.

– Cent mille balles ? fit-il.

– Oui, cent mille francs ! C'est peu, mais enfin les temps sont durs... Et j'ai des frais généraux si lourds ! Si tu connaissais mon budget... un budget de grande ville !

Ganimard se leva. Sa mauvaise humeur s'était dissipée. Il réfléchit quelques secondes, embrassa d'un coup d'œil toute l'affaire, pour tâcher d'en découvrir le point faible. Puis il prononça d'un ton où il laissait franchement percer son admiration de connaisseur :

– Par bonheur, il n'en existe pas des douzaines comme toi, sans quoi il n'y aurait plus qu'à fermer boutique.

Arsène Lupin prit un petit air modeste et répondit :

– Bah ! il fallait bien se distraire, occuper ses loisirs... d'autant que le coup ne pouvait réussir que si j'étais en prison.

– Comment ! s'exclama Ganimard, ton procès, ta défense, l'instruction, tout cela ne te suffit donc pas pour te distraire ?

– Non, car j'ai résolu de ne pas assister à mon procès.

– Oh ! oh !

Arsène Lupin répéta posément :

– Je n'assisterai pas à mon procès.

– En vérité !

– Ah çà ! mon cher, t'imagines-tu que je vais pourrir sur la paille humide ? Tu m'outrages. Arsène Lupin ne reste en prison que le temps qu'il lui plaît, et pas une minute de plus.

– Il eût peut-être été plus prudent de commencer par ne pas y entrer, objecta l'inspecteur d'un ton ironique.

– Ah ! monsieur raille ? monsieur se souvient qu'il a eu l'honneur de procéder à mon arrestation ? Sache, mon respectable ami, que personne, pas plus toi qu'un autre, n'eût pu mettre la main sur moi, si un intérêt beaucoup plus considérable ne m'avait sollicité à ce moment critique.

– Tu m'étonnes.

– Une femme me regardait, Ganimard, et je l'aimais. Comprends-tu tout ce qu'il y a dans ce fait d'être regardé par une femme que l'on aime ? Le reste m'importait peu, je te jure. Et c'est pourquoi je suis ici.

– Depuis bien longtemps, permets-moi de le remarquer.

– Je voulais oublier d'abord. Ne ris pas : l'aventure avait été charmante, et j'en ai gardé encore le souvenir attendri... Et puis, je suis quelque peu neurasthénique ! La vie est si fiévreuse, de nos jours ! Il faut savoir, à certains moments, faire ce que l'on appelle une cure d'isolement. Cet endroit est souverain pour les régimes de ce genre. On y pratique la cure de la Santé dans toute sa rigueur.

– Arsène Lupin, observa Ganimard, tu te paies ma tête.

– Ganimard, affirma Lupin, nous sommes aujourd'hui vendredi. Mercredi prochain, j'irai fumer mon cigare chez toi, rue Pergolèse, à quatre heures de l'après-midi.

– Arsène Lupin, je t'attends.

Ils se serrèrent la main comme deux bons amis qui s'estiment à leur juste valeur, et le vieux policier se dirigea vers la porte.

– Ganimard !

Celui-ci se retourna.

– Qu'y a-t-il ?

– Ganimard, tu oublies ta montre.

– Ma montre ?

– Oui, elle s'est égarée dans ma poche.

Il la rendit en s'excusant.

– Pardonne-moi... une mauvaise habitude... Mais ce n'est pas une raison parce qu'ils m'ont pris la mienne pour que je te prive de la tienne. D'autant que j'ai là un chronomètre dont je n'ai pas à me plaindre et qui satisfait pleinement à mes besoins.

Il sortit du tiroir une large montre en or, épaisse et confortable, ornée d'une lourde chaîne.

– Et celle-ci, de quelle poche vient-elle ? demanda Ganimard.

Arsène Lupin examina négligemment les initiales.

– J. B... Qui diable cela peut-il bien être ?... Ah ! oui, je me souviens, Jules Bouvier, mon juge d'instruction, un homme charmant...

3

L'évasion d'Arsène Lupin

Au moment où Arsène Lupin, son repas achevé, tirait de sa poche un beau cigare bagué d'or et l'examinait avec complaisance, la porte de la cellule s'ouvrit. Il n'eut que le temps de le jeter dans le tiroir et de s'éloigner de la table. Le gardien entra, c'était l'heure de la promenade.

– Je t'attendais, mon cher ami, s'écria Lupin, toujours de bonne humeur.

Ils sortirent. Ils avaient à peine disparu à l'angle du couloir, que deux hommes à leur tour pénétrèrent dans la cellule et en commencèrent l'examen minutieux. L'un était l'inspecteur Dieuzy, l'autre l'inspecteur Folenfant.

On voulait en finir. Il n'y avait point de doute : Arsène Lupin conservait des intelligences avec le dehors et communiquait avec ses affiliés. La veille encore, le *Grand Journal* publiait ces lignes adressées à son collaborateur judiciaire :

Monsieur,

Dans un article paru ces jours-ci, vous vous êtes exprimé sur moi en des termes que rien ne saurait justifier. Quelques jours avant l'ouverture de mon procès, j'irai vous en demander compte.

Salutations distinguées,

Arsène Lupin.

L'écriture était bien d'Arsène Lupin. Donc, il envoyait des lettres. Donc il en recevait. Donc il était certain qu'il préparait cette évasion annoncée par lui d'une façon si arrogante.

La situation devenait intolérable. D'accord avec le juge d'instruction, le chef de la Sûreté, M. Dudouis, se rendit lui-même à la Santé pour exposer au directeur de la prison les mesures qu'il convenait de prendre. Et, dès son arrivée, il envoya deux hommes dans la cellule du détenu.

Ils levèrent chacune des dalles, démontèrent le lit, firent tout ce qu'il est habituel de faire en pareil cas, et finalement ne découvrirent rien. Ils allaient renoncer à leurs investigations, lorsque le gardien accourut en toute hâte et leur dit :

– Le tiroir... regardez le tiroir de la table. Quand je suis entré, il m'a semblé qu'il le repoussait.

Ils regardèrent, et Dieuzy s'écria :

– Pour Dieu, cette fois nous le tenons, le client.

Folenfant l'arrêta.

– Halte-là, mon petit, le chef fera l'inventaire.

– Pourtant, ce cigare de luxe...

– Laisse le havane et prévenons le chef.

Deux minutes après, M. Dudouis explorait le tiroir. Il y trouva d'abord une liasse d'articles de journaux découpés par l'*Argus de la Presse* et qui concernaient Arsène Lupin, puis une blague à tabac, une pipe, du papier dit pelure d'oignon, et enfin deux livres.

Il en regarda le titre. C'était le *Culte des héros*, de Carlyle, édition anglaise, et un elzévir charmant, à reliure du temps, le *Manuel d'Épictète*, traduction allemande publiée à Leyde en 1634. Les ayant feuilletés, il constata que toutes les pages étaient balafrées, soulignées, annotées. Était-ce là signes conventionnels ou bien de ces marques qui montrent la ferveur que l'on a pour un livre ?

– Nous verrons cela en détail, dit M. Dudouis.

Il explora la blague à tabac, la pipe. Puis, saisissant le fameux cigare bagué d'or :

– Fichtre, il se met bien, notre ami, s'écria-t-il, un Henri Clay !

D'un geste machinal de fumeur, il le porta près de son oreille et le fit craquer. Et aussitôt une exclamation lui échappa. Le cigare avait molli sous la pression de ses doigts. Il l'examina avec plus d'attention et ne tarda pas à distinguer quelque chose de blanc entre les feuilles de tabac. Et délicatement, à l'aide d'une épingle, il attirait un rouleau de papier très fin, à peine gros comme un cure-dent. C'était un billet. Il le déroula et lut ces mots, d'une menue écriture de femme :

Le panier a pris la place de l'autre. Huit sur dix sont préparés. En appuyant du pied extérieur, la plaque se soulève de haut en bas. De douze à seize tous les jours, H-P attendra. Mais où ? Réponse immédiate. Soyez tranquille, votre amie veille sur vous.

M. Dudouis réfléchit un instant et dit :

– C'est suffisamment clair... le panier... les huit cases... De douze à seize, c'est-à-dire de midi à quatre heures...

– Mais ce H-P, qui attendra ?

– H-P, en l'occurrence, doit signifier automobile, H-P, horse power, n'est-ce pas ainsi qu'en langage sportif on désigne la force d'un moteur ? Une vingt-quatre H-P, c'est une automobile de vingt-quatre chevaux.

Il se leva et demanda :

– Le détenu finissait de déjeuner ?

– Oui.

– Et comme il n'a pas encore lu ce message, ainsi que le prouve l'état du cigare, il est probable qu'il venait de le recevoir.

– Comment ?

– Dans ses aliments, au milieu de son pain ou d'une pomme de terre, que sais-je ?

– Impossible, on ne l'a autorisé à faire venir sa nourriture que pour le prendre au piège, et nous n'avons rien trouvé.

– Nous chercherons ce soir la réponse de Lupin. Pour le moment, retenez-le hors de sa cellule. Je vais porter ceci à monsieur le juge d'instruction. S'il est de mon avis, nous ferons immédiatement photographier la lettre, et dans une heure vous pourrez remettre dans le tiroir, outre ces objets, un cigare identique, contenant le message original lui-même. Il faut que le détenu ne se doute de rien.

Ce n'est pas sans une certaine curiosité que M. Dudouis s'en retourna le soir au greffe de la Santé en compagnie de l'inspecteur Dieuzy. Dans un coin, sur le poêle, trois assiettes s'étalaient.

– Il a mangé ?

– Oui, répondit le directeur.

– Dieuzy, veuillez couper en morceaux très minces ces quelques brins de macaroni et ouvrir cette boulette de pain... Rien ?

– Non, chef.

M. Dudouis examina les assiettes, fourchette, la cuiller, enfin le couteau, un couteau réglementaire à lame ronde. Il en fit tourner le manche à gauche, puis à droite. À droite le manche céda et se dévissa. Le couteau était creux et servait d'étui à une feuille de papier.

– Peuh ! fit-il, ce n'est pas bien malin pour un homme comme

Arsène. Mais ne perdons pas de temps. Vous, Dieuzy, allez donc faire une enquête dans ce restaurant.

Puis il lut :

Je m'en remets à vous, H-P suivra de loin, chaque jour. J'irai au-devant. À bientôt, chère et admirable amie.

– Enfin, s'écria M. Dudouis, en se frottant les mains, je crois que l'affaire est en bonne voie. Un petit coup de pouce de notre part, et l'évasion réussit... assez du moins pour nous permettre de pincer les complices.

– Et si Arsène Lupin vous glisse entre les doigts ? objecta le directeur.

– Nous emploierons le nombre d'hommes nécessaire. Si cependant il y mettait trop d'habileté... ma foi, tant pis pour lui ! Quant à la bande, puisque le chef refuse de parler, les autres parleront.

Et, de fait, il ne parlait pas beaucoup, Arsène Lupin. Depuis des mois, M. Jules Bouvier, le juge d'instruction, s'y évertuait vainement. Les interrogatoires se réduisaient à des colloques dépourvus d'intérêt entre le juge et l'avocat, Me Danval, un des princes du barreau, lequel d'ailleurs en savait sur l'inculpé à peu près autant que le premier venu.

De temps à autre, par politesse, Arsène Lupin laissait tomber :

– Mais oui, monsieur le juge, nous sommes d'accord : le vol du Crédit Lyonnais, le vol de la rue de Babylone, l'émission des faux billets de banque, l'affaire des polices d'assurance, le cambriolage des châteaux d'Armesnil, de Gouret, d'Imblevain, des Groselliers, du Malaquis, tout cela, c'est de votre serviteur.

– Alors, pourriez-vous m'expliquer...

– Inutile, j'avoue tout en bloc, tout, et même dix fois plus que vous n'en supposez.

De guerre lasse, le juge avait suspendu ces interrogatoires fastidieux. Après avoir eu connaissance des deux billets interceptés, il les reprit. Et, régulièrement, à midi, Arsène Lupin fut amené de la Santé au Dépôt, dans une voiture pénitentiaire, avec un certain nombre de détenus. Ils en repartaient vers trois ou quatre heures.

Or, un après-midi, ce retour s'effectua dans des conditions particulières. Les autres détenus de la Santé n'ayant pas encore été questionnés, on décida de reconduire d'abord Arsène Lupin. Il monta donc seul dans la voiture.

Ces voitures pénitentiaires, vulgairement appelées « paniers à salade », sont divisées, dans leur longueur, par un couloir central, sur lequel s'ouvrent dix cases : cinq à droite et cinq à gauche. Chacune de ces cases est disposée de telle façon que l'on doit s'y tenir assis, et que les cinq prisonniers, outre qu'ils ne disposent chacun que d'une place fort étroite, sont séparés les uns des autres par des cloisons parallèles. Un garde municipal, placé à l'extrémité, surveille le couloir.

Arsène fut introduit dans la troisième cellule de droite, et la lourde voiture s'ébranla. Il se rendit compte que l'on quittait le quai de l'Horloge et que l'on passait devant le Palais de Justice. Alors, vers le milieu du pont Saint-Michel, il appuya du pied droit, ainsi qu'il le faisait chaque fois, sur la plaque de tôle qui fermait sa cellule. Tout de suite, quelque chose se déclencha, la plaque de tôle s'écarta insensiblement. Il put constater qu'il se trouvait juste entre les deux roues.

Il attendit, l'œil aux aguets. La voiture monta au pas le boulevard Saint-Michel. Au carrefour Saint-Germain, elle s'arrêta. Le cheval d'un camion s'était abattu. La circulation étant interrompue, très vite, ce fut un encombrement de fiacres et d'omnibus.

Arsène Lupin passa la tête. Une autre voiture pénitentiaire stationnait le long de celle qu'il occupait. Il souleva davantage la tête, mit le pied sur un des rayons de la grande roue et sauta à terre.

Un cocher le vit, s'esclaffa de rire, puis voulut appeler. Mais sa voix se perdit dans le fracas des véhicules, qui s'écoulaient de nouveau. D'ailleurs, Arsène Lupin était loin déjà.

Il avait fait quelques pas en courant, mais, sur le trottoir de gauche, il se retourna, jeta un regard circulaire, sembla prendre le vent, comme quelqu'un qui ne sait encore trop quelle direction il va suivre. Puis, résolu, il mit les mains dans ses poches, et, de l'air insouciant d'un promeneur qui flâne, il continua de monter le boulevard.

Le temps était doux, un temps heureux et léger d'automne. Les cafés étaient pleins. Il s'assit à la terrasse de l'un d'eux.

Il commanda un bock et un paquet de cigarettes. Il vida son verre à petites gorgées, fuma tranquillement une cigarette, en alluma une seconde. Enfin, s'étant levé, il pria le garçon de faire venir le gérant.

Le gérant vint, et Arsène Lupin lui dit, assez haut pour être entendu de tous :

– Je suis désolé, monsieur, j'ai oublié mon porte-monnaie. Peut-être mon nom vous est-il assez connu pour que vous me consentiez un crédit de quelques jours : Arsène Lupin.

Le gérant le regarda, croyant à une plaisanterie. Mais Arsène répéta :

– Lupin, détenu à la Santé, actuellement en état d'évasion. J'ose croire que ce nom vous inspire toute confiance.

Et il s'éloigna, au milieu des rires, sans que l'autre songeât à réclamer.

Il traversa la rue Soufflot en biais et prit la rue Saint-Jacques. Il la suivit paisiblement, s'arrêtant aux vitrines et fumant des cigarettes. Boulevard de Port-Royal, il s'orienta, se renseigna, et marcha droit vers la rue de la Santé. Les hauts murs moroses de la prison se dressèrent bientôt. Les ayant longés, il arriva près du garde municipal qui montait la faction, et, retirant son chapeau :

– C'est bien ici la prison de la Santé ?

– Oui.

– Je désirerais regagner ma cellule. La voiture m'a laissé en route, et je ne voudrais pas abuser...

Le garçon grogna...

– Dites donc, l'homme, passez votre chemin, et plus vite que ça !

– Pardon, pardon ! C'est que mon chemin passe par cette porte. Et si vous empêchez Arsène Lupin de la franchir, cela pourrait vous coûter gros, mon ami !

– Arsène Lupin ! Qu'est-ce que vous me chantez là ?

– Je regrette de n'avoir pas ma carte, dit Arsène, affectant de fouiller ses poches.

Le garde le toisa des pieds à la tête, abasourdi. Puis, sans un mot, comme malgré lui, il tira une sonnette. La porte de fer s'entrebâilla.

Quelques minutes après, le directeur accourut jusqu'au greffe, gesticulant et feignant une colère violente. Arsène sourit :

– Allons, monsieur le directeur, ne jouez pas au plus fin avec moi. Comment ! On a la précaution de me ramener seul dans la voiture, on prépare un bon petit encombrement, et l'on s'imagine que je vais prendre mes jambes à mon cou pour rejoindre mes amis ! Eh bien ! Et les vingt agents de la Sûreté, qui nous escortaient à pied, en fiacre et à bicyclette ? Non, ce qu'ils m'auraient arrangé ! Je n'en serais pas sorti vivant. Dites donc, monsieur le directeur, c'est peut-être là-dessus que l'on comptait ?

Il haussa les épaules et ajouta :

– Je vous en prie, monsieur le directeur, qu'on ne s'occupe pas de moi. Le jour où je voudrai m'échapper, je n'aurai besoin de personne.

Le surlendemain, l'*Écho de France*, qui, décidément, devenait le moniteur officiel des exploits d'Arsène Lupin – on disait qu'il en était un des principaux commanditaires – l'*Écho de France* publiait les détails les plus complets sur cette tentative d'évasion. Le texte même des billets échangés entre le détenu et sa mystérieuse amie, les moyens employés pour cette correspondance, la complicité de la police, la promenade du boulevard Saint-Michel, l'incident du café Soufflot, tout était dévoilé. On savait que les recherches de l'inspecteur Dieuzy auprès des garçons de restaurant n'avaient donné aucun résultat. Et l'on apprenait, en outre, cette chose stupéfiante, qui montrait l'infinie variété des ressources dont cet homme disposait : la voiture pénitentiaire, dans laquelle on l'avait transporté, était une voiture entièrement truquée, que sa bande avait substituée à l'une des six voitures habituelles qui composent le service des prisons.

L'évasion prochaine d'Arsène Lupin ne fit plus de doute pour personne. Lui-même, d'ailleurs, l'annonçait en termes catégoriques, comme le prouva sa réponse à M. Bouvier, au lendemain de l'incident. Le juge raillant son échec, il le regarda et lui dit froidement :

– Écoutez bien ceci, monsieur, et croyez-m'en sur parole : cette tentative d'évasion faisait partie de mon plan d'évasion.

– Je ne comprends pas, ricana le juge.

– Il est inutile que vous compreniez.

Et comme le juge, au cours de cet interrogatoire, qui parut tout au long dans les colonnes de l'*Écho de France*, comme le juge revenait à son instruction, il s'écria, d'un air de lassitude :

– Mon Dieu, mon Dieu, à quoi bon ! toutes ces questions n'ont aucune importance.

– Comment, aucune importance ?

– Mais non, puisque je n'assisterai pas à mon procès.

– Vous n'assisterez pas...

– Non, c'est une idée fixe, une décision irrévocable. Rien ne me fera transiger.

Une telle assurance, les indiscrétions inexplicables qui se commettaient chaque jour, agaçaient et déconcertaient la justice. Il y avait là des secrets qu'Arsène Lupin était seul à connaître, et dont la divulgation, par conséquent, ne pouvait provenir que de lui. Mais dans quel but les dévoilait-il ? et comment ?

On changea Arsène Lupin de cellule. Un soir, il descendit à l'étage inférieur. De son côté, le juge boucla son instruction et renvoya l'affaire à la chambre des mises en accusation.

Ce fut le silence. Il dura deux mois. Arsène les passa étendu sur son lit, le visage presque toujours tourné contre le mur. Ce changement de cellule semblait l'avoir abattu. Il refusa de recevoir son avocat. À peine échangeait-il quelques mots avec ses gardiens.

Dans la quinzaine qui précéda son procès, il parut se ranimer. Il se plaignait du manque d'air. On le fit sortir dans la cour, le matin, de très bonne heure, flanqué de deux hommes.

La curiosité publique, cependant ne s'était pas affaiblie. Chaque jour on avait attendu la nouvelle de son évasion. On la souhaitait presque, tellement le personnage plaisait à la foule avec sa verve, sa gaieté, sa diversité, son génie d'invention et le mystère de sa vie. Arsène Lupin devait s'évader. C'était inévitable, fatal. On s'étonnait même que cela tardât si longtemps. Tous les matins, le préfet de police demandait à son secrétaire :

– Eh bien ! il n'est pas encore parti ?

– Non, monsieur le préfet.

– Ce sera donc pour demain.

Et, la veille du procès, un monsieur se présenta dans les bureaux du *Grand Journal*, demanda le collaborateur judiciaire, lui jeta sa carte au visage, et s'éloigna rapidement. Sur la carte, ces mots étaient inscrits : « Arsène Lupin tient toujours ses promesses. »

C'est dans ces conditions que les débats s'ouvrirent.

L'affluence y fut énorme. Personne qui ne voulût voir le fameux Lupin et ne savourât d'avance la façon dont il se jouerait du président. Avocats et magistrats, chroniqueurs et mondains, artistes et femmes du monde, le Tout-Paris se pressa sur les bancs de l'audience.

Il pleuvait, dehors le jour était sombre, on vit mal Arsène Lupin lorsque les gardes l'eurent introduit. Cependant son attitude lourde, la manière dont il se laissa tomber à sa place, son immobilité indifférente et passive ne prévinrent pas en sa faveur. Plusieurs fois son avocat – un des secrétaires de Me Danval, celui-ci ayant jugé indigne de lui le rôle auquel il était réduit –, plusieurs fois son avocat lui adressa la parole. Il hochait la tête et se taisait.

Le greffier lut l'acte d'accusation, puis le président prononça :

– Accusé, levez-vous. Votre nom, prénom, âge et profession ?

Ne recevant pas de réponse, il répéta :

– Votre nom ? Je vous demande votre nom.

Une voix épaisse et fatiguée articula :

– Baudru, Désiré.

Il y eut des murmures. Mais le président repartit :

– Baudru, Désiré ? Ah ! bien, un nouvel avatar ! Comme c'est à peu près le huitième nom auquel vous prétendez, et qu'il est sans doute aussi imaginaire que les autres, nous nous en tiendrons, si vous le voulez bien, à celui d'Arsène Lupin, sous lequel vous êtes plus avantageusement connu.

Le président consulta ses notes et reprit :

– Car, malgré toutes les recherches, il a été impossible de reconstituer votre identité. Vous présentez ce cas assez original dans notre société moderne, de n'avoir point de passé. Nous ne savons qui vous êtes, d'où vous venez, où s'est écoulée votre enfance, bref, rien. Vous jaillissez tout d'un coup, il y a trois ans, on ne sait au juste de quel milieu, pour vous révéler tout d'un coup Arsène Lupin, c'est-à-dire un composé bizarre d'intelligence et de perversion, d'immoralité et de générosité. Les données que nous avons sur vous avant cette époque sont plutôt des suppositions. Il est probable que le nommé Rostat qui travailla, il y a huit ans, aux côtés du prestidigitateur Dickson n'était autre qu'Arsène Lupin. Il est probable que l'étudiant russe qui fréquenta, il y a six ans, le laboratoire du docteur Altier, à l'hôpital Saint-Louis, et qui souvent surprit le maître par l'ingéniosité de ses hypothèses sur la bactériologie et la hardiesse de ses expériences dans les maladies de la peau, n'était autre qu'Arsène Lupin. Arsène Lupin, également, le professeur de lutte japonaise qui s'établit à Paris bien avant qu'on y parlât de jiu-jitsu. Arsène Lupin, croyons-nous, le coureur cycliste qui gagna le Grand Prix de l'Exposition, toucha ses dix mille francs et ne reparut plus. Arsène Lupin peut-être aussi celui qui sauva tant de gens par la petite lucarne du Bazar de la Charité... et les dévalisa.

Et, après une pause, le président conclut :

– Telle est cette époque, qui semble n'avoir été qu'une préparation minutieuse à la lutte que vous avez entreprise contre la société, un apprentissage méthodique où vous portiez au plus haut point votre force, votre énergie et votre adresse. Reconnaissez-vous l'exactitude de ces faits ?

Pendant ce discours, l'accusé s'était balancé d'une jambe sur l'autre, le dos rond, les bras inertes. Sous la lumière plus vive, on remarqua son extrême maigreur, ses joues creuses, ses pommettes étrangement saillantes, son visage couleur de terre, marbré de petites plaques rouges, et encadré d'une barbe inégale et rare. La prison l'avait considérablement vieilli et flétri. On ne reconnaissait plus la silhouette élégante et le jeune visage dont les journaux avaient si souvent publié le portrait sympathique.

On eût dit qu'il n'avait pas entendu la question qu'on lui posait. Deux fois elle lui fut répétée. Alors il leva les yeux, parut réfléchir, puis, faisant un effort violent, murmura :

– Baudru, Désiré.

Le président se mit à rire.

– Je ne me rends pas un compte exact du système de défense que vous avez adopté, Arsène Lupin. Si c'est de jouer les imbéciles et les irresponsables, libre à vous. Quant à moi, j'irai droit au but sans me soucier de vos fantaisies.

Et il entra dans le détail des vols, escroqueries et faux reprochés à Lupin. Parfois il interrogeait l'accusé. Celui-ci poussait un grognement ou ne répondait pas.

Le défilé des témoins commença. Il y eut plusieurs dépositions insignifiantes, d'autres plus sérieuses, qui toutes avaient ce caractère commun de se contredire les unes les autres. Une obscurité troublante enveloppait les débats, mais l'inspecteur principal Ganimard fut introduit, et l'intérêt se réveilla.

Dès le début, toutefois, le vieux policier causa une certaine déception. Il avait l'air, non pas intimidé – il en avait vu bien d'autres – mais inquiet, mal à l'aise. Plusieurs fois, il tourna les yeux vers l'accusé avec une gêne visible. Cependant, les deux mains appuyées à la barre, il racontait les incidents auxquels il avait été mêlé, sa poursuite à travers l'Europe, son arrivée en Amérique. Et on l'écoutait avec avidité, comme on écouterait le récit des plus passionnantes aventures. Mais, vers la fin, ayant fait allusion à ses entretiens avec Arsène Lupin, à deux reprises il s'arrêta, distrait, indécis.

Il était clair qu'une autre pensée l'obsédait. Le président lui dit :

– Si vous êtes souffrant, il vaudrait mieux interrompre votre témoignage.

– Non, non, seulement...

Il se tut, regarda l'accusé longuement, profondément, puis il dit :

– Je demande l'autorisation d'examiner l'accusé de plus près, il y a là un mystère qu'il faut que j'éclaircisse.

Il s'approcha, le considéra plus longuement encore, de toute son attention concentrée, puis il retourna à la barre. Et là, d'un ton un peu solennel, il prononça :

– Monsieur le président, j'affirme que l'homme qui est ici, en face de moi, n'est pas Arsène Lupin.

Un grand silence accueillit ces paroles. Le président, interloqué, d'abord, s'écria :

– Ah çà, que dites-vous ! vous êtes fou !

L'inspecteur affirma posément :

– À première vue, on peut se laisser prendre à une ressemblance, qui existe, en effet, je l'avoue, mais il suffit d'une seconde d'attention. Le nez, la bouche, les cheveux, la couleur de la peau... enfin, quoi : ce n'est pas Arsène Lupin. Et les yeux donc ! a-t-il jamais eu ces yeux d'alcoolique ?

– Voyons, voyons, expliquez-vous. Que prétendez-vous, témoin ?

– Est-ce que je sais ! Il aura mis en son lieu et place un pauvre diable que l'on allait condamner. À moins que ce ne soit un complice.

Des cris, des rires, des exclamations partaient de tous côtés, dans la salle qu'agitait ce coup de théâtre inattendu. Le président fit mander le juge d'instruction, le directeur de la Santé, les gardiens, et suspendit l'audience.

À la reprise, M. Bouvier et le directeur, mis en présence de l'accusé, déclarèrent qu'il n'y avait entre Arsène Lupin et cet homme qu'une très vague similitude de traits.

– Mais alors, s'écria le président, quel est cet homme ? D'où vient-il ? Comment se trouve-t-il entre les mains de la justice ?

On introduisit les deux gardiens de la Santé. Contradiction stupéfiante, ils reconnurent le détenu dont ils avaient la surveillance à tour de rôle !

Le président respira.

Mais l'un des gardiens reprit :

– Oui, oui, je crois bien que c'est lui.

– Comment, vous croyez ?

– Dame ! je l'ai à peine vu. On me l'a livré le soir, et, depuis deux mois, il reste toujours couché contre le mur.

– Mais avant ces deux mois ?

– Ah ! avant, il n'occupait pas la cellule 24.

Le directeur de la prison précisa ce point :

– Nous avons changé le détenu de cellule après sa tentative d'évasion.

– Mais vous, monsieur le directeur, vous l'avez vu depuis deux mois ?

– Je n'ai pas eu l'occasion de le voir... il se tenait tranquille.

– Et cet homme-là n'est pas le détenu qui vous a été remis ?

– Non.

– Alors, qui est-il ?

– Je ne saurais dire.

– Nous sommes donc en présence d'une substitution qui se serait effectuée il y a deux mois. Comment l'expliquez-vous ?

– C'est impossible.

– Alors ?

En désespoir de cause, le président se tourna vers l'accusé, et, d'une voix engageante :

– Voyons, accusé, pourriez-vous m'expliquer comment et depuis quand vous êtes entre les mains de la justice.

On eût dit que ce ton bienveillant désarmait la méfiance ou stimulait l'entendement de l'homme. Il essaya de répondre. Enfin, habilement et doucement interrogé, il réussit à rassembler quelques phrases, d'où il ressortait ceci : deux mois auparavant, il avait été amené au Dépôt. Il y avait passé une nuit et une matinée. Possesseur d'une somme de soixante-quinze centimes, il avait été relâché. Mais, comme il traversait la cour, deux gardes le prenaient par le bras et le conduisaient jusqu'à la voiture pénitentiaire. Depuis, il vivait dans la cellule 24, pas malheureux... on y mange bien... on y dort pas mal... Aussi n'avait-il pas protesté...

Tout cela paraissait vraisemblable. Au milieu des rires et d'une grande effervescence, le président renvoya l'affaire à une autre session pour supplément d'enquête.

L'enquête, tout de suite, établit ce fait consigné sur le registre d'écrou : huit semaines auparavant, un nommé Baudru Désiré avait couché au Dépôt. Libéré le lendemain, il quittait le Dépôt à deux heures de l'après-midi. Or, ce jour-là, à deux heures, interrogé pour la dernière fois, Arsène Lupin sortait de l'instruction et repartait en voiture pénitentiaire.

Les gardiens avaient-ils commis une erreur ? Trompés par la ressemblance, avaient-ils eux-mêmes, dans une minute d'inattention, substitué cet homme à leur prisonnier ? Il eût fallut vraiment qu'ils y missent une complaisance que leurs états de service ne permettaient pas de supposer.

La substitution était-elle combinée d'avance ? Outre que la disposition des lieux rendait la chose presque irréalisable, il eût été nécessaire en ce cas que Baudru fût un complice et qu'il se fût fait arrêter dans le but précis de prendre la place d'Arsène Lupin. Mais alors, par quel miracle un tel plan, uniquement fondé sur une série de chances invraisemblables, de rencontres fortuites et d'erreurs fabuleuses, avait-il pu réussir ?

On fit passer Désiré Baudru au service anthropométrique : il n'y avait pas de fiche correspondant à son signalement. Du reste on retrouva aisément ses traces. À Courbevoie, à Asnières, à Levallois, il était connu. Il vivait d'aumônes et couchait dans une de ces cahutes de chiffonniers qui s'entassent près de la barrière des Ternes. Depuis un an, cependant, il avait disparu.

Avait-il été embauché par Arsène Lupin ? Rien n'autorisait à le croire. Et quand cela eût été, on n'en eût pas su davantage sur la fuite du prisonnier. Le prodige demeurait le même. Des vingt hypothèses qui tentaient de l'expliquer, aucune n'était satisfaisante. L'évasion seule ne faisait pas de doute, et une évasion incompréhensible, impressionnante, où le public, de même que la justice, sentait l'effort d'une longue préparation, un ensemble d'actes merveilleusement enchevêtrés les uns dans les autres, et dont le dénouement justifiait l'orgueilleuse prédiction d'Arsène Lupin : « Je n'assisterai pas à mon procès. »

Au bout d'un mois de recherches minutieuses, l'énigme se présentait avec le même caractère indéchiffrable. On ne pouvait cependant pas garder indéfiniment ce pauvre diable de Baudru. Son procès eût été ridicule : quelles charges avait-on contre lui ? Sa mise en liberté fut signée par le juge d'instruction. Mais le chef de la Sûreté résolut d'établir autour de lui une surveillance active.

L'idée provenait de Ganimard. À son point de vue, il n'y avait ni complicité ni hasard. Baudru était un instrument dont Arsène Lupin avait joué avec son extraordinaire habileté. Baudru libre, par lui on remonterait jusqu'à Arsène Lupin ou du moins jusqu'à quelqu'un de sa bande.

On adjoignit à Ganimard les deux inspecteurs Folenfant et Dieuzy, et, un matin de janvier, par un temps brumeux, les portes de la prison s'ouvrirent devant Baudru Désiré.

Il parut d'abord embarrassé, et marcha comme un homme qui n'a pas d'idées bien précises sur l'emploi de son temps. Il suivit la rue de la Santé et la rue Saint-Jacques. Devant la boutique d'un fripier, il enleva sa veste et son gilet, vendit son gilet moyennant quelques sous, et, remettant sa veste, s'en alla.

Il traversa la Seine. Au Châtelet un omnibus le dépassa. Il voulut y monter. Il n'y avait pas de place. Le contrôleur lui conseillant de prendre un numéro, il entra dans la salle d'attente.

À ce moment, Ganimard appela ses deux hommes près de lui, et, sans quitter de vue le bureau, il leur dit en hâte :

– Arrêtez une voiture... non, deux, c'est plus prudent. J'irai avec l'un de vous et nous le suivrons.

Les hommes obéirent. Baudru cependant ne paraissait pas. Ganimard s'avança : il n'y avait personne dans la salle.

– Idiot que je suis, murmura-t-il, j'oubliais la seconde issue.

Le bureau communique, en effet, par un couloir intérieur, avec celui de la rue Saint-Martin. Ganimard s'élança. Il arriva juste à temps pour apercevoir Baudru sur l'impériale du Batignolles-Jardin des Plantes qui tournait au coin de la rue de Rivoli. Il courut et rattrapa l'omnibus. Mais il avait perdu ses deux agents. Il était seul à continuer la poursuite.

Dans sa fureur, il fut sur le point de le prendre au collet sans plus de formalité. N'était-ce pas avec préméditation et par une ruse ingénieuse que ce soi-disant imbécile l'avait séparé de ses auxiliaires ?

Il regarda Baudru. Il somnolait sur la banquette et sa tête

ballottait de droite et de gauche. La bouche un peu entrouverte, son visage avait une incroyable expression de bêtise. Non, ce n'était pas là un adversaire capable de rouler le vieux Ganimard. Le hasard l'avait servi, voilà tout.

Au carrefour des Galeries Lafayette l'homme sauta de l'omnibus dans le tramway de la Muette. On suivit le boulevard Haussmann, l'avenue Victor-Hugo. Baudru ne descendit que devant la station de la Muette. Et d'un pas nonchalant, il s'enfonça dans le bois de Boulogne.

Il passait d'une allée à l'autre, revenait sur ses pas, s'éloignait. Que cherchait-il ? Avait-il un but ?

Après une heure de ce manège, il semblait harassé de fatigue. De fait, avisant un banc, il s'assit. L'endroit, situé non loin d'Auteuil, au bord d'un petit lac caché parmi les arbres, était absolument désert. Une demi-heure s'écoula. Impatienté, Ganimard résolut d'entrer en conversation.

Il s'approcha donc et prit place aux côtés de Baudru. Il alluma une cigarette, traça des ronds sur le sable du bout de sa canne, et dit :

– Il ne fait pas chaud.

Un silence. Et soudain, dans ce silence, un éclat de rire retentit, mais un rire joyeux, heureux, le rire d'un enfant pris de fou rire et qui ne peut pas s'empêcher de rire. Nettement, réellement, Ganimard sentit ses cheveux se hérisser sur le cuir soulevé de son crâne. Ce rire, ce rire infernal qu'il connaissait si bien !...

D'un geste brusque, il saisit l'homme par les parements de sa veste et le regarda, profondément, violemment, mieux encore qu'il ne l'avait regardé aux assises, et en vérité ce ne fut plus l'homme qu'il vit. C'était l'homme, mais c'était en même temps l'autre, le vrai.

Aidé par une volonté complice, il retrouvait la vie ardente des yeux, il complétait le masque amaigri, il apercevait la chair réelle sous l'épiderme abîmé, la bouche réelle à travers le rictus qui la déformait. Et c'étaient les yeux de l'autre, la bouche de l'autre, c'était surtout son expression aiguë, vivante, moqueuse, spirituelle, si claire et si jeune.

– Arsène Lupin, Arsène Lupin, balbutia-t-il.

Et subitement, pris de rage, lui serrant la gorge, il tenta de le renverser. Malgré ses cinquante ans, il était encore d'une vigueur peu commune, tandis que son adversaire semblait en assez mauvaise condition. Et puis, quel coup de maître s'il parvenait à le ramener !

La lutte fut courte. Arsène Lupin se défendit à peine, et, aussi promptement qu'il avait attaqué, Ganimard lâcha prise. Son bras droit pendait, inerte, engourdi.

– Si l'on vous apprenait le jiu-jitsu au quai des Orfèvres, déclara Lupin, tu saurais que ce coup s'appelle udi-shi-ghi en japonais.

Et il ajouta froidement :

– Une seconde de plus, je te cassais le bras, et tu n'aurais eu que ce que tu mérites. Comment, toi, un vieil ami que j'estime, devant qui je dévoile spontanément mon incognito, tu abuses de ma confiance ! C'est mal... Eh bien ! quoi, qu'as-tu ?

Ganimard se taisait. Cette évasion dont il se jugeait responsable – n'était-ce pas lui qui, par sa déposition sensationnelle, avait induit la justice en erreur ? –, cette évasion lui semblait la honte de sa carrière. Une larme roula vers sa moustache grise.

– Eh ! mon Dieu, Ganimard, ne te fais pas de bile : si tu n'avais pas parlé, je me serais arrangé pour qu'un autre parlât. Voyons, pouvais-je admettre que l'on condamnât Baudru Désiré ?

– Alors, murmura Ganimard, c'était toi qui étais là-bas ? C'est toi qui es ici !

– Moi, toujours moi, uniquement moi.

– Est-ce possible ?

– Oh ! point n'est besoin d'être sorcier. Il suffit, comme l'a dit ce brave président, de se préparer pendant une dizaine d'années pour être prêt à toutes les éventualités.

– Mais ton visage ? Tes yeux ?

– Tu comprends bien que, si j'ai travaillé dix-huit mois à Saint-Louis avec le docteur Altier, ce n'est pas par amour de l'art. J'ai pensé que celui qui aurait un jour l'honneur de s'appeler Arsène Lupin devait se soustraire aux lois ordinaires de l'apparence et de l'identité. L'apparence ? Mais on la modifie à son gré. Telle injection hypodermique de paraffine vous boursoufle la peau, juste à l'endroit choisi. L'acide pyrogallique vous transforme en mohican. Le suc de la grande chélidoine vous orne de dartres et de tumeurs du plus heureux effet. Tel procédé chimique agit sur la pousse de votre barbe et de vos cheveux, tel autre sur le son de votre voix. Joins à cela deux mois de diète dans la cellule n° 24, des exercices mille fois répétés pour ouvrir ma bouche selon ce rictus, pour porter ma tête selon cette inclinaison et mon dos selon cette courbe. Enfin cinq gouttes d'atropine dans les yeux pour les rendre hagards et fuyants, et le tour est joué.

– Je ne conçois pas que les gardiens...

– La métamorphose a été progressive. Ils n'ont pu remarquer l'évolution quotidienne.

– Mais Baudru Désiré ?

– Baudru existe. C'est un pauvre innocent que j'ai rencontré l'an dernier, et qui vraiment n'est pas sans offrir avec moi une certaine analogie de traits. En prévision d'une arrestation toujours possible, je l'ai mis en sûreté, et je me suis appliqué à discerner dès l'abord les points de dissemblance qui nous séparaient, pour les atténuer en moi autant que cela se pouvait. Mes amis lui ont fait passer une nuit au Dépôt, de manière qu'il en sortît à peu près à la même heure que moi, et que la coïncidence fût facile à constater. Car, note-le, il fallait qu'on retrouvât la trace de son passage, sans quoi la justice se fût demandé qui j'étais. Tandis qu'en lui offrant cet excellent Baudru, il était inévitable, tu entends, inévitable qu'elle sauterait sur lui, et que malgré les difficultés insurmontables d'une substitution, elle préférerait croire à la substitution plutôt que d'avouer son ignorance.

– Oui, oui, en effet, murmura Ganimard.

– Et puis, s'écria Arsène Lupin, j'avais entre les mains un atout formidable, une carte machinée par moi dès le début : l'attente où tout le monde était de mon évasion. Et voilà bien l'erreur grossière où vous êtes tombés, toi et les autres, dans cette partie passionnante que la justice et moi nous avions engagée, et dont l'enjeu était ma liberté : vous avez supposé encore une fois que j'agissais par fanfaronnade, que j'étais grisé par mes succès ainsi qu'un blanc-bec. Moi, Arsène Lupin, une telle faiblesse ! Et, pas plus que dans l'affaire Cahorn, vous ne vous êtes dit : « Du moment qu'Arsène Lupin crie sur les toits qu'il s'évadera, c'est qu'il a des raisons qui l'obligent à le crier. » Mais, sapristi, comprends donc que, pour m'évader... sans m'évader, il fallait que l'on crût à l'avance à cette évasion, que ce fût un article de foi, une conviction absolue, une vérité éclatante comme le soleil. Et ce fut cela, de par ma volonté. Arsène Lupin s'évaderait, Arsène Lupin n'assisterait pas à son procès. Et quand tu t'es levé pour dire : « Cet homme n'est pas Arsène Lupin », il eût été surnaturel que tout le monde ne crût pas immédiatement que je n'étais pas Arsène Lupin. Qu'une seule personne doutât, qu'une seule émît cette simple restriction : « Et si c'était Arsène Lupin ? » à la minute même j'étais perdu. Il suffisait de se pencher vers moi, non pas avec l'idée que je n'étais pas Arsène Lupin, comme tu l'as fait, toi et les autres, mais avec l'idée que je pouvais être Arsène Lupin, et malgré toutes mes précautions, on me reconnaissait. Mais j'étais tranquille. Logiquement, psychologiquement, personne ne pouvait avoir cette simple petite idée.

Il saisit tout à coup la main de Ganimard.

– Voyons, Ganimard, avoue que huit jours après notre entrevue dans la prison de la Santé, tu m'as attendu à quatre heures, chez toi, comme je t'en avais prié.

– Et ta voiture pénitentiaire ? dit Ganimard évitant de répondre.

– Du bluff ! Ce sont mes amis qui ont rafistolé et substitué cette ancienne voiture hors d'usage et qui voulaient tenter le coup. Mais je le savais impraticable sans un concours de circonstances exceptionnelles. Seulement, j'ai trouvé utile de parachever cette tentative d'évasion et de lui donner la plus grande publicité. Une première évasion audacieusement combinée donnait à la seconde la valeur d'une évasion réalisée d'avance.

– De sorte que le cigare...

– Creusé par moi ainsi que le couteau.

– Et les billets ?

– Écrits par moi.

– Et la mystérieuse correspondante ?

– Elle et moi nous ne faisons qu'un. J'ai toutes les écritures à volonté.

Ganimard réfléchit un instant et objecta :

– Comment se peut-il qu'au service d'anthropométrie, quand on a pris la fiche de Baudru, on ne se soit pas aperçu qu'elle coïncidait avec celle d'Arsène Lupin ?

– La fiche d'Arsène Lupin n'existe pas.

– Allons donc !

– Ou du moins elle est fausse. C'est une question que j'ai beaucoup étudiée. Le système Bertillon comporte d'abord le signalement visuel – et tu vois qu'il n'est pas infaillible – et ensuite le signalement par mesures, mesure de la tête, des doigts, des oreilles, etc. Là, par contre, rien à faire.

– Alors ?

– Alors il a fallu payer. Avant même mon retour d'Amérique, un des employés du service acceptait tant pour inscrire une fausse mesure au début de ma mensuration. C'est suffisant pour que tout le système dévie, et qu'une fiche s'oriente vers une case diamétralement opposée à la case où elle devait aboutir. La fiche Baudru ne devait donc pas coïncider avec la fiche Arsène Lupin.

Il y eut encore un silence, puis Ganimard demanda :

– Et maintenant que vas-tu faire ?

– Maintenant, s'exclama Lupin, je vais me reposer, suivre un régime de suralimentation et peu à peu redevenir moi. C'était très bien d'être Baudru ou tel autre, de changer de personnalité comme de chemise et de choisir son apparence, sa voix, son regard, son écriture. Mais il arrive que l'on ne s'y reconnaît plus dans tout cela et que c'est fort triste. Actuellement, j'éprouve ce que devait éprouver l'homme qui a perdu son ombre. Je vais me rechercher... et me retrouver.

Il se promena de long en large. Un peu d'obscurité se mêlait à la lueur du jour. Il s'arrêta devant Ganimard.

– Nous n'avons plus rien à nous dire, je crois ?

– Si, répondit l'inspecteur, je voudrais savoir si tu révéleras la vérité sur ton évasion... L'erreur que j'ai commise...

– Oh ! personne ne saura jamais que c'est Arsène Lupin qui a été relâché. J'ai trop d'intérêt à accumuler autour de moi les ténèbres les plus mystérieuses pour ne pas laisser à cette évasion son caractère presque miraculeux. Aussi, ne crains rien, mon bon ami, et adieu. Je dîne en ville ce soir, et je n'ai que le temps de m'habiller.

– Je te croyais si désireux de repos !

– Hélas ! il y a des obligations mondaines auxquelles on ne peut se soustraire. Le repos commencera demain.

– Et où dînes-tu donc ?

– À l'ambassade d'Angleterre.

4

Le mystérieux voyageur

La veille, j'avais envoyé mon automobile à Rouen par la route. Je devais l'y rejoindre en chemin de fer, et, de là, me rendre chez des amis qui habitent les bords de la Seine.

Or, à Paris, quelques minutes avant le départ, sept messieurs envahirent mon compartiment ; cinq d'entre eux fumaient. Si court que soit le trajet en rapide, la perspective de l'effectuer en une telle compagnie me fut désagréable, d'autant que le wagon, d'ancien modèle, n'avait pas de couloir. Je pris donc mon pardessus, mes journaux, mon indicateur, et me réfugiai dans un des compartiments voisins.

Une dame s'y trouvait. À ma vue, elle eut un geste de contrariété qui ne m'échappa point, et elle se pencha vers un monsieur planté sur le marchepied, son mari, sans doute, qui l'avait accompagnée à la gare. Le monsieur m'observa, et l'examen se termina probablement à mon avantage, car il parla bas à sa femme, en souriant, de l'air dont on rassure un enfant qui a peur. Elle sourit à son tour, et me glissa un œil amical, comme si elle comprenait tout à coup que j'étais un de ces galants hommes avec qui une femme peut rester enfermée deux heures durant, dans une petite boîte de six pieds carrés, sans avoir rien à craindre.

Son mari lui dit :

– Tu ne m'en voudras pas, ma chérie, mais j'ai un rendez-vous urgent, et je ne puis attendre.

Il l'embrassa affectueusement, et s'en alla. Sa femme lui envoya par la fenêtre de petits baisers discrets, et agita son mouchoir.

Mais un coup de sifflet retentit. Le train s'ébranla.

À ce moment précis, et malgré les protestations des employés, la porte s'ouvrit et un homme surgit dans notre compartiment. Ma compagne, qui était debout alors et rangeait ses affaires le long du filet, poussa un cri de terreur et tomba sur la banquette.

Je ne suis pas poltron, loin de là, mais j'avoue que ces irruptions de la dernière heure sont toujours pénibles. Elles semblent équivoques, peu naturelles. Il doit y avoir quelque chose là-dessous, sans quoi...

L'aspect du nouveau venu cependant et son attitude eussent plutôt atténué la mauvaise impression produite par son acte. De la correction, de l'élégance presque, une cravate de bon goût, des gants propres, un visage énergique... Mais, au fait, où diable avais-je vu ce visage ? Car, le doute n'était point possible, je l'avais vu. Du moins, plus exactement, je retrouvais en moi la sorte de souvenir que laisse la vision d'un portrait plusieurs fois aperçu et dont on n'a jamais contemplé l'original. Et, en même temps, je sentais l'inutilité de tout effort de mémoire, tellement ce souvenir était inconsistant et vague.

Mais, ayant reporté mon attention sur la dame, je fus stupéfait de sa pâleur et du bouleversement de ses traits. Elle regardait son voisin – ils étaient assis du même côté – avec une expression de réel effroi, et je constatai qu'une de ses mains, toute tremblante, se glissait vers un petit sac de voyage posé sur la banquette à vingt centimètres de ses genoux. Elle finit par le saisir et nerveusement l'attira contre elle.

Nos yeux se rencontrèrent, et je lus dans les siens tant de malaise et d'anxiété, que je ne pus m'empêcher de lui dire :

– Vous n'êtes pas souffrante, madame ?... Dois-je ouvrir cette fenêtre ?

Sans me répondre, elle me désigna d'un geste craintif l'individu. Je souris comme avait fait son mari, haussai les épaules et lui expliquai par signes qu'elle n'avait rien à redouter, que j'étais là, et d'ailleurs que ce monsieur semblait bien inoffensif.

À cet instant, il se tourna vers nous l'un après l'autre, nous considéra des pieds à la tête, puis se renfonça dans son coin et ne bougea plus.

Il y eut un silence, mais la dame, comme si elle avait ramassé toute son énergie pour accomplir un acte désespéré, me dit d'une voix à peine intelligible :

– Vous savez qu'il est dans notre train ?

– Qui ?

– Mais lui... lui... je vous assure.

– Qui, lui ?

– Arsène Lupin !

Elle n'avait pas quitté des yeux le voyageur et c'était à lui plutôt qu'à moi qu'elle lança les syllabes de ce nom inquiétant.

Il baissa son chapeau sur son nez. Était-ce pour masquer son trouble, ou simplement, se préparait-il à dormir ?

Je fis cette objection :

– Arsène Lupin a été condamné hier, par contumace, à vingt ans de travaux forcés. Il est donc peu probable qu'il commette aujourd'hui l'imprudence de se montrer en public. En outre, les journaux n'ont-ils pas signalé sa présence en Turquie, cet hiver, depuis sa fameuse évasion de la Santé ?

– Il se trouve dans ce train, répéta la dame, avec l'intention de plus en plus marquée d'être entendue de notre compagnon, mon mari est sous-directeur aux services pénitentiaires, et c'est le commissaire de la gare lui-même qui nous a dit qu'on cherchait Arsène Lupin.

– Ce n'est pas une raison...

– On l'a rencontré dans la salle des Pas-Perdus. Il a pris un billet de première classe pour Rouen.

– Il était facile de mettre la main sur lui.

– Il a disparu. Le contrôleur, à l'entrée des salles d'attente, ne l'a pas vu, mais on supposait qu'il avait passé par les quais de banlieue, et qu'il était monté dans l'express qui part dix minutes après nous.

– En ce cas, on l'y aura pincé.

– Et si, au dernier moment, il a sauté de cet express pour venir ici, dans notre train... comme c'est probable... comme c'est certain ?

– En ce cas, c'est ici qu'il sera pincé. Car les employés et les agents n'auront pas manqué de voir ce passage d'un train dans l'autre, et, lorsque nous arriverons à Rouen on le cueillera bien proprement.

– Lui, jamais ! il trouvera le moyen de s'échapper encore.

– En ce cas, je lui souhaite bon voyage.

– Mais d'ici là, tout ce qu'il peut faire !

– Quoi ?

– Est-ce que je sais ? Il faut s'attendre à tout !

Elle était très agitée, et de fait la situation justifiait jusqu'à un certain point cette surexcitation nerveuse.

Presque malgré moi, je lui dis :

– Il y a en effet des coïncidences curieuses... Mais tranquillisez-vous. En admettant qu'Arsène Lupin soit dans un de ces wagons, il s'y tiendra bien sage, et, plutôt que de s'attirer de nouveaux ennuis, il n'aura pas d'autre idée que d'éviter le péril qui le menace.

Mes paroles ne la rassurèrent point. Cependant elle se tut, craignant sans doute d'être indiscrète.

Moi, je dépliai mes journaux et lus les comptes rendus du procès d'Arsène Lupin. Comme ils ne contenaient rien que l'on ne connût déjà, ils ne m'intéressèrent que médiocrement. En outre, j'étais fatigué, j'avais mal dormi, je sentis mes paupières s'alourdir et ma tête s'incliner.

– Mais, monsieur, vous n'allez pas dormir.

La dame m'arrachait mes journaux et me regardait avec indignation.

– Évidemment non, répondis-je, je n'en ai aucune envie.

– Ce serait de la dernière imprudence, me dit-elle.

– De la dernière, répétai-je.

Et je luttai énergiquement, m'accrochant au paysage, aux nuées qui rayaient le ciel. Et bientôt tout cela se brouilla dans l'espace, l'image de la dame agitée et du monsieur assoupi s'effaça dans mon esprit, et ce fut en moi le grand, le profond silence du sommeil.

Des rêves inconsistants et légers bientôt l'agrémentèrent, un être qui jouait le rôle et portait le nom d'Arsène Lupin y tenait une certaine place. Il évoluait à l'horizon, le dos chargé d'objets précieux, traversait des murs et démeublait des châteaux.

Mais la silhouette de cet être, qui n'était d'ailleurs plus Arsène Lupin, se précisa. Il venait vers moi, devenait de plus en plus grand, sautait dans le wagon avec une incroyable agilité, et retombait en plein sur ma poitrine.

Une vive douleur... un cri déchirant. Je me réveillai. L'homme, le voyageur, un genou sur ma poitrine, me serrait à la gorge.

Je vis cela très vaguement, car mes yeux étaient injectés de sang. Je vis aussi la dame qui se convulsait dans un coin, en proie à une attaque de nerfs. Je n'essayai même pas de résister. D'ailleurs, je n'en aurais pas eu la force : mes tempes bourdonnaient, je suffoquais... je râlais... Une minute encore... et c'était l'asphyxie.

L'homme dut le sentir. Il relâcha son étreinte. Sans s'écarter, de la main droite, il tendit une corde où il avait préparé un nœud coulant, et, d'un geste sec, il me lia les deux poignets. En un instant, je fus garrotté, bâillonné, immobilisé.

Et il accomplit cette besogne de la façon la plus naturelle du monde, avec une aisance où se révélait le savoir d'un maître, d'un professionnel du vol et du crime. Pas un mot, pas un mouvement fébrile. Du sang-froid et de l'audace. Et j'étais là, sur la banquette, ficelé comme une momie, *moi, Arsène Lupin !*

En vérité, il y avait de quoi rire. Et, malgré la gravité des circonstances, je n'étais pas sans apprécier tout ce que la situation comportait d'ironique et de savoureux. Arsène Lupin roulé comme un novice ! dévalisé comme le premier venu – car, bien entendu, le bandit m'allégea de ma bourse et de mon portefeuille ! Arsène Lupin, victime à son tour, dupé, vaincu... Quelle aventure !

Restait la dame. Il n'y prêta même pas attention. Il se contenta de ramasser la petite sacoche qui gisait sur le tapis et d'en extraire les bijoux, porte-monnaie, bibelots d'or et d'argent qu'elle contenait. La dame ouvrit un œil, tressaillit d'épouvante, ôta ses bagues et les tendit à l'homme comme si elle avait voulu lui épargner tout effort inutile. Il prit les bagues et la regarda : elle s'évanouit.

Alors, toujours silencieux et tranquille, sans plus s'occuper de nous, il regagna sa place, alluma une cigarette et se livra à un examen approfondi des trésors qu'il avait conquis, examen qui parut le satisfaire entièrement.

J'étais beaucoup moins satisfait. Je ne parle pas des douze mille francs dont on m'avait indûment dépouillé : c'était un dommage que je n'acceptais que momentanément et je comptais bien que ces douze mille francs rentreraient en ma possession dans le plus bref délai, ainsi que les papiers fort importants que renfermait mon portefeuille : projets, devis, adresses, listes de correspondants, lettres compromettantes. Mais, pour le moment, un souci plus immédiat et plus sérieux me tracassait :

Qu'allait-il se produire ?

Comme bien l'on pense, l'agitation causée par mon passage à travers la gare Saint-Lazare ne m'avait pas échappé. Invité chez des amis que je fréquentais sous le nom de Guillaume Berlat, et pour qui ma ressemblance avec Arsène Lupin était un sujet de plaisanteries affectueuses, je n'avais pu me grimer à ma guise, et ma présence avait été signalée. En outre, on avait vu un homme se précipiter de l'express dans le rapide. Qui était cet homme, sinon Arsène Lupin ? Donc, inévitablement, fatalement, le commissaire de police de Rouen, prévenu par télégramme, et assisté d'un nombre respectable d'agents, se trouverait à l'arrivée du train, interrogerait les voyageurs suspects, et procéderait à une revue minutieuse des wagons.

Tout cela, je le prévoyais, et je ne m'en étais pas trop ému, certain que la police de Rouen ne serait pas plus perspicace que celle de Paris, et que je saurais bien passer inaperçu – ne me suffirait-il pas, à la sortie, de montrer négligemment ma carte de député, grâce à laquelle j'avais déjà inspiré toute confiance au contrôleur de Saint-Lazare ? Mais combien les choses avaient changé ! Je n'étais plus libre. Impossible de tenter un de mes coups habituels. Dans un des wagons, le commissaire découvrirait le sieur Arsène Lupin qu'un hasard propice lui envoyait pieds et poings liés, docile comme un agneau, empaqueté, tout préparé. Il n'aurait qu'à en prendre livraison, comme on reçoit un colis postal qui vous est adressé en gare, bourriche de gibier ou panier de fruits et légumes.

Et pour éviter ce fâcheux dénouement, que pouvais-je, entortillé dans mes bandelettes ?

Et le rapide filait vers Rouen, unique et prochaine station, brûlait Vernon, Saint-Pierre.

Un autre problème m'intriguait, où j'étais moins directement intéressé, mais dont la solution éveillait ma curiosité de professionnel. Quelles étaient les intentions de mon compagnon ?

J'aurais été seul qu'il eût le temps, à Rouen, de descendre en toute tranquillité. Mais la dame ? À peine la portière serait-elle ouverte, la dame si sage et si humble en ce moment, crierait, se démènerait, appellerait au secours !

Et de là mon étonnement ! pourquoi ne la réduisait-il pas à la même impuissance que moi, ce qui lui aurait donné le loisir de disparaître avant qu'on se fût aperçu de son double méfait ?

Il fumait toujours, les yeux fixés sur l'espace qu'une pluie hésitante commençait à rayer de grandes lignes obliques. Une fois cependant il se détourna, saisit mon indicateur et le consulta.

La dame, elle, s'efforçait de rester évanouie, pour rassurer son ennemi. Mais des quintes de toux provoquées par la fumée démentaient cet évanouissement.

Quant à moi, j'étais fort mal à l'aise, et très courbaturé. Et je songeais... je combinais...

Pont-de-l'Arche, Oissel... Le rapide se hâtait, joyeux, ivre de vitesse.

Saint-Étienne... À cet instant, l'homme se leva, et fit deux pas vers nous, ce à quoi la dame s'empressa de répondre par un nouveau cri et par un évanouissement non simulé.

Mais quel était son but, à lui ? Il baissa la glace de notre côté. La pluie maintenant tombait avec rage, et son geste marqua l'ennui qu'il éprouvait à n'avoir ni parapluie ni pardessus. Il jeta les yeux sur le filet : l'en-cas de la dame s'y trouvait. Il le prit. Il prit également mon pardessus et s'en vêtit.

On traversait la Seine. Il retroussa le bas de son pantalon, puis se penchant, il souleva le loquet extérieur.

Allait-il se jeter sur la voie ? À cette vitesse, c'eût été la mort certaine. On s'engouffra dans le tunnel percé sous la côte Sainte-Catherine. L'homme entrouvrit la portière et, du pied, tâta la première marche. Quelle folie ! Les ténèbres, la fumée, le vacarme, tout cela donnait à une telle tentative une apparence fantastique. Mais, tout à coup, le train ralentit, les westinghouse s'opposèrent à l'effort des roues. En une minute l'allure devint normale, diminua encore. Sans aucun doute des travaux de consolidation étaient projetés dans cette partie du tunnel, qui nécessitaient le passage ralenti des trains, depuis quelques jours peut-être, et l'homme le savait.

Il n'eut donc qu'à poser l'autre pied sur la marche, à descendre sur la seconde et à s'en aller paisiblement, non sans avoir au préalable rabattu le loquet et refermé la portière.

À peine avait-il disparu que du jour éclaira la fumée plus blanche. On déboucha dans une vallée. Encore un tunnel et nous étions à Rouen.

Aussitôt la dame recouvra ses esprits et son premier soin fut de se lamenter sur la perte de ses bijoux. Je l'implorai des yeux. Elle comprit et me délivra du bâillon qui m'étouffait. Elle voulait aussi dénouer mes liens, je l'en empêchai.

– Non, non, il faut que la police voie les choses en l'état. Je désire qu'elle soit édifiée sur ce gredin.

– Et si je tirais la sonnette d'alarme ?

– Trop tard, il fallait y penser pendant qu'il m'attaquait.

– Mais il m'aurait tuée ! Ah ! monsieur, vous l'avais-je dit qu'il voyageait dans ce train ! Je l'ai reconnu tout de suite, d'après son portrait. Et le voilà parti avec mes bijoux.

– On le retrouvera, n'ayez pas peur.

– Retrouver Arsène Lupin ! Jamais.

– Cela dépend de vous, madame. Écoutez. Dès l'arrivée, soyez à la portière, et appelez, faites du bruit. Des agents et des employés viendront. Racontez alors ce que vous avez vu, en quelques mots l'agression dont j'ai été victime et la fuite d'Arsène Lupin, donnez son signalement, un chapeau mou, un parapluie – le vôtre –, un pardessus gris à taille.

– Le vôtre, dit-elle.

– Comment le mien ? Mais non, le sien. Moi, je n'en avais pas.

– Il m'avait semblé qu'il n'en avait pas non plus quand il est monté.

– Si, si... à moins que ce ne soit un vêtement oublié dans le filet. En tout cas, il l'avait quand il est descendu, et c'est là l'essentiel... un pardessus gris, à taille, rappelez-vous... Ah ! j'oubliais... dites votre nom, dès l'abord. Les fonctions de votre mari stimuleront le zèle de tous ces gens.

On arrivait. Elle se penchait déjà à la portière. Je repris d'une voix un peu forte, presque impérieuse, pour que mes paroles se gravassent bien dans son cerveau :

– Dites aussi mon nom, Guillaume Berlat. Au besoin, dites que vous me connaissez... Cela nous gagnera du temps... il faut qu'on expédie l'enquête préliminaire... l'important, c'est la poursuite d'Arsène Lupin... vos bijoux... Il n'y a pas d'erreur, n'est-ce pas ? Guillaume Berlat, un ami de votre mari.

– Entendu... Guillaume Berlat.

Elle appelait déjà et gesticulait. Le train n'avait pas stoppé qu'un monsieur montait, suivi de plusieurs hommes. L'heure critique sonnait.

Haletante, la dame s'écria :

– Arsène Lupin... ils nous a attaqués... il a volé mes bijoux... Je suis madame Renaud... mon mari est sous-directeur des services pénitentiaires... Ah ! tenez, voici précisément mon frère, Georges Ardelle, directeur du Crédit Rouennais... vous devez savoir...

Elle embrassa un jeune homme qui venait de nous rejoindre, et que le commissaire salua, et elle reprit, éplorée :

– Oui, Arsène Lupin... tandis que monsieur dormait, il s'est jeté à sa gorge... Monsieur Berlat, un ami de mon mari.

Le commissaire demanda :

– Mais où est-il, Arsène Lupin ?

– Il a sauté du train sous le tunnel, après la Seine.

– Êtes-vous sûre que ce soit lui ?

– Si j'en suis sûre ! Je l'ai parfaitement reconnu. D'ailleurs on l'a vu à la gare Saint-Lazare. Il avait un chapeau mou...

– Non pas... un chapeau de feutre dur, comme celui-ci, rectifia le commissaire en désignant mon chapeau.

– Un chapeau mou, je l'affirme, répéta Mme Renaud, et un pardessus gris à taille.

– En effet, murmura le commissaire, le télégramme signale ce pardessus gris, à taille et à col de velours noir.

– À col de velours noir, justement, s'écria Mme Renaud triomphante.

Je respirai. Ah ! la brave, l'excellente amie que j'avais là !

Les agents cependant m'avaient débarrassé de mes entraves. Je me mordis violemment les lèvres, du sang coula. Courbé en deux, le mouchoir sur la bouche, comme il convient à un individu qui est resté longtemps dans une position incommode, et qui porte au visage la marque sanglante du bâillon, je dis au commissaire, d'une voix affaiblie :

– Monsieur, c'était Arsène Lupin, il n'y a pas de doute... En faisant diligence on le rattrapera... Je crois que je puis vous être d'une certaine utilité...

Le wagon qui devait servir aux constatations de la justice fut détaché. Le train continua vers Le Havre. On nous conduisit vers le bureau du chef de gare, à travers la foule de curieux qui encombrait le quai.

À ce moment, j'eus une hésitation. Sous un prétexte quelconque, je pouvais m'éloigner, retrouver mon automobile et filer. Attendre était dangereux. Qu'un incident se produisît, qu'une dépêche survînt de Paris, et j'étais perdu.

Oui, mais mon voleur ? Abandonné à mes propres ressources, dans une région qui ne m'était pas très familière, je ne devais pas espérer le rejoindre.

« Bah ! tentons le coup, me dis-je, et restons. La partie est difficile à gagner, mais si amusante à jouer ! Et l'enjeu en vaut la peine. »

Et comme on nous priait de renouveler provisoirement nos dépositions, je m'écriai :

– Monsieur le commissaire, actuellement Arsène Lupin prend de l'avance. Mon automobile m'attend dans la cour. Si vous voulez me faire le plaisir d'y monter, nous essaierions...

Le commissaire sourit d'un air fin :

– L'idée n'est pas mauvaise... si peu mauvaise même qu'elle est en voie d'exécution.

– Ah !

– Oui, monsieur, deux de mes agents sont partis à bicyclette... depuis un certain temps déjà.

– Mais où ?

– À la sortie même du tunnel. Là, ils recueilleront les indices, les témoignages, et suivront la piste d'Arsène Lupin.

Je ne pus m'empêcher de hausser les épaules.

– Vos deux agents ne recueilleront ni indice ni témoignage.

– Vraiment !

– Arsène Lupin se sera arrangé pour que personne ne le voie sortir du tunnel. Il aura rejoint la première route et, de là...

– Et de là, Rouen, où nous le pincerons.

– Il n'ira pas à Rouen.

– Alors, il restera dans les environs où nous sommes encore plus sûrs...

– Il ne restera pas dans les environs.

– Oh ! oh ! Et où donc se cachera-t-il ?

Je tirai ma montre.

– À l'heure présente, Arsène Lupin rôde autour de la gare de Darnétal. À dix heures cinquante, c'est-à-dire dans vingt-deux minutes, il prendra le train qui va de Rouen, gare du Nord, à Amiens.

– Vous croyez ? Et comment le savez-vous ?

– Oh ! c'est bien simple. Dans le compartiment, Arsène Lupin a consulté mon indicateur. Pour quelle raison ? Y avait-il, non loin de l'endroit où il a disparu, une autre ligne, une gare sur cette ligne, et un train s'arrêtant à cette gare ? À mon tour je viens de consulter l'indicateur. Il m'a renseigné.

– En vérité, monsieur, dit le commissaire, c'est merveilleusement déduit. Quelle compétence !

Entraîné par ma conviction, j'avais commis une maladresse en faisant preuve de tant d'habileté. Il me regardait avec étonnement, et je crus sentir qu'un soupçon l'effleurait. Oh ! à peine, car les photographies envoyées de tous côtés par le parquet étaient trop imparfaites, représentaient un Arsène Lupin trop différent de celui qu'il avait devant lui, pour qu'il lui fût possible de me reconnaître. Mais, tout de même, il était troublé, confusément inquiet.

Il y eut un moment de silence. Quelque chose d'équivoque et d'incertain arrêtait nos paroles. Moi-même, un frisson de gêne me secoua. La chance allait-elle tourner contre moi ? Me dominant, je me mis à rire.

– Mon Dieu, rien ne vous ouvre la compréhension comme la perte d'un portefeuille et le désir de le retrouver. Et il me semble que si vous vouliez bien me donner deux de vos agents, eux et moi, nous pourrions peut-être...

– Oh ! je vous en prie, monsieur le commissaire, s'écria Mme Renaud, écoutez M. Berlat.

L'intervention de mon excellente amie fut décisive. Prononcé par elle, la femme d'un personnage influent, ce nom de Berlat devenait réellement le mien et me conférait une identité qu'aucun soupçon ne pouvait atteindre. Le commissaire se leva :

– Je serais trop heureux, monsieur Berlat, croyez-le bien, de vous voir réussir. Autant que vous je tiens à l'arrestation d'Arsène Lupin.

Il me conduisit jusqu'à l'automobile. Deux de ses agents, qu'il me présenta, Honoré Massol et Gaston Delivet, y prirent place. Je m'installai au volant. Mon mécanicien donna le tour de manivelle. Quelques secondes après nous quittions la gare. J'étais sauvé.

Ah ! j'avoue qu'en roulant sur les boulevards qui ceignent la vieille cité normande, à l'allure puissante de ma trente-cinq chevaux Moreau-Lepton, je n'étais pas sans concevoir quelque orgueil. Le moteur ronflait harmonieusement. À droite et à gauche, les arbres s'enfuyaient derrière nous. Et libre, hors de danger, je n'avais plus maintenant qu'à régler mes petites affaires personnelles, avec le concours des deux honnêtes représentants de la force publique. Arsène Lupin s'en allait à la recherche d'Arsène Lupin !

Modestes soutiens de l'ordre social, Delivet Gaston et Massol Honoré, combien votre assistance me fut précieuse ! Qu'aurais-je fait sans vous ? Sans vous, combien de fois, aux carrefours, j'eusse choisi la mauvaise route ! Sans vous, Arsène Lupin se trompait, et l'autre s'échappait !

Mais tout n'était pas fini. Loin de là. Il me restait d'abord à rattraper l'individu et ensuite à m'emparer moi-même des papiers qu'il m'avait dérobés. À aucun prix, il ne fallait que mes deux acolytes missent le nez dans ces documents, encore moins qu'ils ne s'en saisissent. Me servir d'eux et agir en dehors d'eux, voilà ce que je voulais et qui n'était point aisé.

À Darnétal, nous arrivâmes trois minutes après le passage du train. Il est vrai que j'eus la consolation d'apprendre qu'un individu en pardessus gris, à taille, à collet de velours noir, était monté dans un compartiment de seconde classe, muni d'un billet pour Amiens. Décidément, mes débuts comme policier promettaient.

Delivet me dit :

– Le train est express et ne s'arrête plus qu'à Montérolier-Buchy, dans dix-neuf minutes. Si nous n'y sommes pas avant Arsène Lupin, il peut continuer sur Amiens, comme bifurquer sur Clères, et de là gagner Dieppe ou Paris.

– Montérolier, quelle distance ?

– Vingt-trois kilomètres.

– Vingt-trois kilomètres en dix-neuf minutes... Nous y serons avant lui.

La passionnante étape ! Jamais ma fidèle Moreau-Lepton ne répondit à mon impatience avec plus d'ardeur et de régularité. Il me semblait que je lui communiquais ma volonté directement, sans l'intermédiaire des leviers et des manettes. Elle partageait mes désirs. Elle approuvait mon obstination. Elle comprenait mon animosité contre ce gredin d'Arsène Lupin. Le fourbe ! le traître ! aurais-je raison de lui ? Se jouerait-il une fois de plus de l'autorité, de cette autorité dont j'étais l'incarnation ?

– À droite, criait Delivet !... À gauche !... Tout droit !...

Nous glissions au-dessus du sol. Les bornes avaient l'air de petites bêtes peureuses qui s'évanouissaient à notre approche.

Et tout à coup, au détour d'une route, un tourbillon de fumée, l'express du Nord.

Durant un kilomètre, ce fut la lutte, côte à côte, lutte inégale dont l'issue était certaine. À l'arrivée, nous le battions de vingt longueurs.

En trois secondes, nous étions sur le quai, devant les deuxièmes classes. Les portières s'ouvrirent. Quelques personnes descendaient. Mon voleur point. Nous inspectâmes les compartiments. Pas d'Arsène Lupin.

– Sapristi ! m'écriai-je, il m'aura reconnu dans l'automobile tandis que nous marchions côte à côte, et il aura sauté.

Le chef de train confirma cette supposition. Il avait vu un homme qui dégringolait le long du remblai, à deux cents mètres de la gare.

– Tenez, là-bas... celui qui traverse le passage à niveau.

Je m'élançai, suivi de mes deux acolytes, ou plutôt suivi de l'un d'eux, car l'autre, Massol, se trouvait être un coureur exceptionnel, ayant autant de fond que de vitesse. En peu d'instants, l'intervalle qui le séparait du fugitif diminua singulièrement. L'homme l'aperçut, franchit une haie et détala rapidement vers un talus qu'il grimpa. Nous le vîmes encore plus loin : il entrait dans un petit bois.

Quand nous atteignîmes le petit bois, Massol nous y attendait. Il avait jugé inutile de s'aventurer davantage, dans la crainte de nous perdre.

– Et je vous félicite, mon cher ami, lui dis-je. Après une pareille course, notre individu doit être à bout de souffle. Nous le tenons.

J'examinai les environs, tout en réfléchissant aux moyens de procéder seul à l'arrestation du fugitif, afin de faire moi-même des reprises que la justice n'aurait sans doute tolérées qu'après beaucoup d'enquêtes désagréables. Puis, je revins à mes compagnons.

– Voilà, c'est facile. Vous, Massol, postez-vous à gauche. Vous, Delivet, à droite. De là, vous surveillez toute la ligne postérieure du bosquet, et il ne peut en sortir, sans être aperçu de vous, que par cette cavée, où je prends position. S'il ne sort pas, moi j'entre, et, forcément, je le rabats sur l'un ou sur l'autre. Vous n'avez donc qu'à attendre. Ah j'oubliais : en cas d'alerte, un coup de feu.

Massol et Delivet s'éloignèrent chacun de son côté. Aussitôt qu'ils eurent disparus, je pénétrai dans le bois, avec les plus grandes précautions, de manière à n'être ni vu ni entendu. C'étaient des fourrés épais, aménagés pour la chasse, et coupés de sentes très étroites où il n'était possible de marcher qu'en se courbant comme dans des souterrains de verdure.

L'une d'elles aboutissait à une clairière où l'herbe mouillée présentait des traces de pas. Je les suivis en ayant soin de me glisser à travers les taillis. Elles me conduisirent au pied d'un petit monticule que couronnait une masure en plâtras, à moitié démolie.

« Il doit être là, pensai-je. L'observatoire est bien choisi. »

Je rampai jusqu'à proximité de la bâtisse. Un bruit léger m'avertit de sa présence, et, de fait, par une ouverture, je l'aperçus qui me tournait le dos.

En deux bonds je fus sur lui. Il essaya de braquer le revolver qu'il tenait à la main. Je ne lui en laissai pas le temps, et l'entraînai à terre, de telle façon que ses deux bras étaient pris sous lui, tordus, et que je pesais de mon genou sur sa poitrine.

– Écoute, mon petit, lui dis-je à l'oreille, je suis Arsène Lupin. Tu vas me rendre toute de suite et de bonne grâce mon portefeuille et la sacoche de la dame... moyennant quoi je te tire des griffes de la police, et je t'enrôle parmi mes amis. Un mot seulement : oui ou non ?

– Oui, murmura-t-il.

– Tant mieux. Ton affaire, ce matin, était joliment combinée. On s'entendra.

Je me relevai. Il fouilla dans sa poche, en sortit un large couteau et voulut m'en frapper.

– Imbécile ! m'écriai-je.

D'une main, j'avais paré l'attaque. De l'autre, je lui portai un violent coup sur l'artère carotide, ce qui s'appelle le « hook à la carotide ». Il tomba assommé.

Dans mon portefeuille, je retrouvai mes papiers et mes billets de banque. Par curiosité, je pris le sien. Sur une enveloppe qui lui était adressée, je lus son nom : Pierre Onfrey.

Je tressaillis. Pierre Onfrey, l'assassin de la rue Lafontaine, à Auteuil ! Pierre Onfrey, celui qui avait égorgé Mme Delbois et ses deux filles. Je me penchai sur lui. Oui, c'était ce visage qui, dans le compartiment, avait éveillé en moi le souvenir de traits déjà contemplés.

Mais le temps passait. Je mis dans une enveloppe deux billets de cent francs, une carte et ces mots :

Arsène Lupin à ses bons collègues Honoré Massol et Gaston Delivet, en témoignage de reconnaissance.

Je posai cela en évidence au milieu de la pièce. À côté, la sacoche de Mme Renaud. Pouvais-je ne point la rendre à l'excellente amie qui m'avait secouru ?

Je confesse cependant que j'en retirai tout ce qui présentait un intérêt quelconque, n'y laissant qu'un peigne en écaille, et un porte-monnaie vide. Que diable ! Les affaires sont les affaires. Et puis, vraiment, son mari exerçait un métier si peu honorable !...

Restait l'homme. Il commençait à remuer. Que devais-je faire ? Je n'avais qualité ni pour le sauver ni pour le condamner.

Je lui enlevai ses armes et tirai en l'air un coup de revolver.

« Les deux autres vont venir, pensai-je, qu'il se débrouille ! Les choses s'accompliront dans le sens de son destin. »

Et je m'éloignai au pas de course par le chemin de la cavée.

Vingt minutes plus tard, une route de traverse, que j'avais

remarquée lors de notre poursuite, me ramenait auprès de mon automobile.

À quatre heures, je télégraphiais à mes amis de Rouen qu'un incident imprévu me contraignait à remettre ma visite. Entre nous, je crains fort, étant donné ce qu'ils doivent savoir maintenant, d'être obligé de la remettre indéfiniment. Cruelle désillusion pour eux !

À six heures, je rentrais à Paris par l'Isle-Adam, Enghien et la porte Bineau.

Les journaux du soir m'apprirent que l'on avait enfin réussi à s'emparer de Pierre Onfrey.

Le lendemain – ne dédaignons point les avantages d'une intelligente réclame – l'*Écho de France* publiait cet entrefilet sensationnel :

Hier, aux environs de Buchy, après de nombreux incidents, Arsène Lupin a opéré l'arrestation de Pierre Onfrey. L'assassin de la rue Lafontaine venait de dévaliser, sur la ligne de Paris au Havre, Mme Renaud, la femme du sous-directeur des services pénitentiaires. Arsène Lupin a restitué à Mme Renaud la sacoche qui contenait ses bijoux, et a récompensé généreusement les deux agents de la Sûreté qui l'avaient aidé au cours de cette dramatique arrestation.

5

Le Collier de la Reine

Deux ou trois fois par an, à l'occasion de solennités importantes, comme les bals de l'ambassade d'Autriche ou les soirées de lady Billingstone, la comtesse de Dreux-Soubise mettait sur ses blanches épaules « le Collier de la Reine »

C'était bien le fameux collier, le collier légendaire que Bohmer et Bassenge, joailliers de la couronne, destinaient à la du Barry, que le cardinal de Rohan-Soubise crut offrir à Marie-Antoinette, reine de France, et que l'aventurière Jeanne de Valois, comtesse de La Motte, dépeça un soir de février 1785, avec l'aide de son mari et de leur complice Retaux de Villette.

Pour dire vrai, la monture seule était authentique. Retaux de Villette l'avait conservée, tandis que le sieur de La Motte et sa femme dispersaient aux quatre vents les pierres brutalement desserties, les admirables pierres si soigneusement choisies par Bohmer. Plus tard, en Italie, il la vendit à Gaston de Dreux-Soubise, neveu et héritier du cardinal, sauvé par lui de la ruine lors de la retentissante banqueroute de Rohan-Guéménée, et qui, en souvenir de son oncle, racheta les quelques diamants qui restaient en la possession du bijoutier anglais Jefferys, les compléta avec d'autres de valeur beaucoup moindre, mais de même dimension, et parvint à reconstituer le merveilleux « collier en esclavage », tel qu'il était sorti des mains de Bohmer et Bassenge.

De ce bijou historique, pendant près d'un siècle, les Dreux-Soubise s'enorgueillirent. Bien que diverses circonstances eussent notablement diminué leur fortune, ils aimèrent mieux réduire leur train de maison que d'aliéner la royale et précieuse relique. En particulier le comte actuel y tenait comme on tient à la demeure de ses pères. Par prudence, il avait loué un coffre au Crédit Lyonnais pour l'y déposer. Il allait l'y chercher lui-même l'après-midi du jour où sa femme voulait s'en parer, et l'y reportait lui-même le lendemain.

Ce soir-là, à la réception du palais de Castille – l'aventure remonte au début du siècle –, la comtesse eut un véritable succès, et le roi Christian, en l'honneur de qui la fête était donnée, remarqua sa beauté magnifique. Les pierreries ruisselaient autour du cou gracieux. Les mille facettes des diamants brillaient et scintillaient comme des flammes à la clarté des lumières. Nulle autre qu'elle, semblait-il, n'eût pu porter avec tant d'aisance et de noblesse le fardeau d'une telle parure.

Ce fut un double triomphe, que le comte de Dreux goûta profondément, et dont il s'applaudit, quand ils furent rentrés dans la chambre de leur vieil hôtel du faubourg Saint-Germain. Il était fier de sa femme et tout autant peut-être du bijou qui illustrait sa maison depuis quatre générations. Et sa femme en tirait une vanité un peu puérile, mais qui était bien la marque de son caractère altier.

Non sans regret, elle détacha le collier de ses épaules et le tendit à son mari qui l'examina avec admiration, comme s'il ne le connaissait point. Puis, l'ayant remis dans son écrin de cuir rouge aux armes du Cardinal, il passa dans un cabinet voisin, sorte d'alcôve plutôt, que l'on avait complètement isolée de la chambre, et dont l'unique entrée se trouvait au pied de leur lit. Comme les autres fois, il le dissimula sur une planche assez élevée, parmi des cartons à chapeau et des piles de linge. Il referma la porte et se dévêtit.

Au matin, il se leva vers neuf heures, avec l'intention d'aller, avant le déjeuner, jusqu'au Crédit Lyonnais. Il s'habilla, but une tasse de café et descendit aux écuries. Là, il donna des ordres. Un des chevaux l'inquiétait. Il le fit marcher et trotter devant lui dans la cour. Puis il retourna près de sa femme.

Elle n'avait point quitté la chambre, et se coiffait, aidée de sa bonne. Elle lui dit :

– Vous sortez ?

– Oui... pour cette course...

– Ah ! en effet... c'est plus prudent...

Il pénétra dans le cabinet. Mais, au bout de quelques secondes, il demanda, sans le moindre étonnement d'ailleurs :

– Vous l'avez pris, chère amie ?

Elle répliqua :

– Comment ? mais non, je n'ai rien pris.

– Vous l'avez dérangé.

– Pas du tout... je n'ai même pas ouvert cette porte.

Il apparut, décomposé, et il balbutia, la voix à peine intelligible :

– Vous n'avez pas ?... Ce n'est pas vous ?... Alors...

Elle accourut, et ils cherchèrent fiévreusement, jetant les cartons à terre et démolissant les piles de linge. Et le comte répétait :

– Inutile... tout ce que nous faisons est inutile... C'est ici, là, sur cette planche, que je l'ai mis.

– Vous avez pu vous tromper.

– C'est ici, là, sur cette planche, et pas sur une autre.

Ils allumèrent une bougie, car la pièce était assez obscure, et ils enlevèrent tout le linge et tous les objets qui l'encombraient. Et quand il n'y eut plus rien dans le cabinet, ils durent s'avouer avec désespoir que le fameux collier, « le Collier en esclavage de la Reine », avait disparu.

De nature résolue, la comtesse, sans perdre de temps en vaines lamentations, fit prévenir le commissaire, M. Valorbe, dont ils avaient eu déjà l'occasion d'apprécier l'esprit sagace et la clairvoyance. On le mit au courant par le détail, et tout de suite il demanda :

– Êtes-vous sûr, monsieur le comte, que personne n'a pu traverser la nuit votre chambre ?

– Absolument sûr. J'ai le sommeil très léger. Mieux encore : la porte de cette chambre était fermée au verrou. J'ai dû le tirer ce matin quand ma femme a sonné la bonne.

– Et il n'existe pas d'autre passage qui permette de s'introduire dans le cabinet ?

– Aucun.

– Pas de fenêtre ?

– Si, mais elle est condamnée.

– Je désirerais m'en rendre compte...

On alluma des bougies, et aussitôt M. Valorbe fit remarquer que la fenêtre n'était condamnée qu'à mi-hauteur, par un bahut, lequel, en outre, ne touchait pas exactement aux croisées.

– Il y touche suffisamment, répliqua M. de Dreux, pour qu'il soit impossible de le déplacer sans faire beaucoup de bruit.

– Et sur quoi donne cette fenêtre ?

– Sur une courette intérieure.

– Et vous avez encore un étage au-dessus de celui-là ?

– Deux, mais au niveau de celui des domestiques, la courette est protégée par une grille à petites mailles. C'est pourquoi nous avons si peu de jour.

D'ailleurs, quand on eut écarté le bahut, on constata que la fenêtre était close, ce qui n'aurait pas été, si quelqu'un avait pénétré du dehors.

– À moins, observa le comte, que ce quelqu'un ne soit sorti par notre chambre.

– Auquel cas, vous n'auriez pas trouvé le verrou de cette chambre poussé.

Le commissaire réfléchit un instant, puis se tournant vers la comtesse :

– Savait-on dans votre entourage, madame, que vous deviez porter ce collier hier soir ?

– Certes, je ne m'en suis pas cachée. Mais personne ne savait que nous l'enfermions dans ce cabinet.

– Personne ?

– Personne... À moins que...

– Je vous en prie, madame, précisez. C'est là un point des plus importants.

Elle dit à son mari :

– Je songeais à Henriette.

– Henriette ? Elle ignore ce détail comme les autres.

– En es-tu certain ?

– Quelle est cette dame ? interrogea M. Valorbe.

– Une amie de couvent, qui s'est fâchée avec sa famille pour épouser une sorte d'ouvrier. À la mort de son mari, je l'ai recueillie avec son fils et leur ai meublé un appartement dans cet hôtel.

Et elle ajouta avec embarras :

– Elle me rend quelques services. Elle est très adroite de ses mains.

– À quel étage habite-t-elle ?

– Au nôtre, pas loin du reste... à l'extrémité de ce couloir... Et même, j'y pense... la fenêtre de sa cuisine...

– Ouvre sur cette courette, n'est-ce pas ?

– Oui, juste en face de la nôtre.

Un léger silence suivit cette déclaration.

Puis M. Valorbe demanda qu'on le conduisît auprès d'Henriette.

Ils la trouvèrent en train de coudre, tandis que son fils Raoul, un bambin de six à sept ans, lisait à ses côtés. Assez étonné de voir le misérable appartement qu'on avait meublé pour elle, et qui se composait au total d'une pièce sans cheminée et d'un réduit servant de cuisine, le commissaire la questionna. Elle parut bouleversée en apprenant le vol commis. La veille au soir, elle avait elle-même habillé la comtesse et fixé le collier autour de son cou.

– Seigneur Dieu ! s'écria-t-elle, qui m'aurait jamais dit ?

– Et vous n'avez aucune idée ? pas le moindre doute ? Il est possible que le coupable ait passé par votre chambre.

Elle dit de bon cœur, sans même imaginer qu'on pouvait l'effleurer d'un soupçon :

– Mais je ne l'ai pas quittée, ma chambre ! je ne sors jamais, moi. Et puis, vous n'avez donc pas vu ?

Elle ouvrit la fenêtre du réduit.

– Tenez, il y a bien trois mètres jusqu'au rebord opposé.

– Qui vous a dit que nous envisagions l'hypothèse d'un vol effectué par là ?

– Mais... le collier n'était-il pas dans le cabinet ?

– Comment le savez-vous ?

– Dame ! j'ai toujours su qu'on l'y mettait la nuit... on en a parlé devant moi...

Sa figure, encore jeune, mais que les chagrins avaient flétrie, marquait une grande douceur et de la résignation. Cependant elle eut soudain, dans le silence, une expression d'angoisse, comme si un danger l'eût menacée. Elle attira son fils contre elle. L'enfant lui prit la main et l'embrassa tendrement.

– Je ne suppose pas, dit M. de Dreux au commissaire, quand ils furent seuls, je ne suppose pas que vous la soupçonniez ? Je réponds d'elle. C'est l'honnêteté même.

– Oh ! je suis tout à fait de votre avis, affirma M. Valorbe. C'est tout au plus si j'avais pensé à une complicité inconsciente. Mais je reconnais que cette explication doit être abandonnée, d'autant qu'elle ne résout nullement le problème, auquel nous nous heurtons.

Le commissaire ne poussa pas plus avant cette enquête, que le juge d'instruction reprit et compléta les jours suivants. On interrogea les domestiques, on vérifia l'état du verrou, on fit des expériences sur la fermeture et sur l'ouverture de la fenêtre du cabinet, on explora la courette de haut en bas... Tout fut inutile. Le verrou était intact. La fenêtre ne pouvait s'ouvrir ni se fermer du dehors.

Plus spécialement, les recherches visèrent Henriette, car, malgré tout, on en revenait toujours de ce côté. On fouilla sa vie minutieusement, et il fut constaté que, depuis trois ans, elle n'était sortie que quatre fois de l'hôtel, et les quatre fois pour des courses que l'on put déterminer. En réalité, elle servait de femme de chambre et de couturière à Mme de Dreux, qui se montrait à son égard d'une rigueur dont tous les domestiques témoignèrent en confidence.

– D'ailleurs, disait le juge d'instruction, qui, au bout d'une semaine, aboutit aux mêmes conclusions que le commissaire, en admettant que nous connaissions le coupable, et nous n'en sommes pas là, nous n'en saurions pas davantage sur la manière dont le vol a été commis. Nous sommes barrés à droite et à gauche par deux obstacles : une porte et une fenêtre fermées. Le mystère est double ! Comment a-t-on pu s'introduire, et comment, ce qui était beaucoup plus difficile, a-t-on pu s'échapper en laissant derrière soi une porte close au verrou et une fenêtre fermée ?

Au bout de quatre mois d'investigations, l'idée secrète du juge était celle-ci : M. et Mme de Dreux, pressés par des besoins d'argent, avaient vendu le Collier de la Reine. Il classa l'affaire.

Le vol du précieux bijou porta aux Dreux-Soubise un coup dont ils gardèrent longtemps la marque. Leur crédit n'étant plus soutenu par la sorte de réserve que constituait un tel trésor, ils se trouvèrent en face de créanciers plus exigeants et de prêteurs moins favorables. Ils durent couper dans le vif, aliéner, hypothéquer. Bref, c'eût été la ruine si deux gros héritages de parents éloignés ne les avaient sauvés.

Ils souffrirent aussi dans leur orgueil, comme s'ils avaient perdu un quartier de noblesse. Et, chose bizarre, ce fut à son ancienne amie de pension que la comtesse s'en prit. Elle ressentait contre elle une véritable rancune et l'accusait ouvertement. On la relégua d'abord à l'étage des domestiques, puis on la congédia du jour au lendemain.

Et la vie coula, sans événements notables. Ils voyagèrent beaucoup.

Un seul fait doit être relevé au cours de cette époque. Quelques mois après le départ d'Henriette, la comtesse reçut d'elle une lettre qui la remplit d'étonnement :

Madame,

Je ne sais comment vous remercier. Car c'est bien vous, n'est-ce pas, qui m'avez envoyé cela ? Ce ne peut être que vous. Personne autre ne connaît ma retraite au fond de ce petit village. Si je me trompe, excusez-moi et retenez du moins l'expression de ma reconnaissance pour vos bontés passées...

Que voulait-elle dire ? Les bontés présentes ou passées de la comtesse envers elle se réduisaient à beaucoup d'injustices. Que signifiaient ces remerciements ?

Sommée de s'expliquer, elle répondit qu'elle avait reçu par la poste, en un pli non recommandé ni chargé, deux billets de mille francs. L'enveloppe, qu'elle joignait à sa réponse, était timbrée de Paris, et ne portait que son adresse, tracée d'une écriture visiblement déguisée.

D'où provenaient ces deux mille francs ? Qui les avait envoyés ? La justice s'informa. Mais quelle piste pouvait-on suivre parmi ces ténèbres ?

Et le même fait se reproduisit douze mois après. Et une troisième fois ; et une quatrième fois ; et chaque année pendant six ans, avec cette différence que la cinquième et la sixième année, la somme doubla, ce qui permit à Henriette, tombée subitement malade, de se soigner comme il convenait.

Autre différence : l'administration de la poste ayant saisi une des lettres sous prétexte qu'elle n'était point chargée, les deux dernières lettres furent envoyées selon le règlement, la première datée de Saint-Germain, l'autre de Suresnes. L'expéditeur signa d'abord Anquety, puis Péchard. Les adresses qu'il donna étaient fausses.

Au bout de six ans, Henriette mourut. L'énigme demeura entière.

Tous ces événements sont connus du public. L'affaire fut de celles qui passionnèrent l'opinion, et c'est un destin étrange que celui de ce collier, qui, après avoir bouleversé la France à la fin du XVIIIe siècle, souleva encore tant d'émotion cent vingt ans plus tard. Mais ce que je vais dire est ignoré de tous, sauf des principaux intéressés et de quelques personnes auxquelles le comte demanda le secret absolu. Comme il est probable qu'un jour ou l'autre elles manqueront à leur promesse, je n'ai, moi, aucun scrupule à déchirer le voile et l'on saura ainsi, en même temps que la clef de l'énigme, l'explication de la lettre publiée par les journaux d'avant-hier matin, lettre extraordinaire qui ajoutait encore, si c'est possible, un peu d'ombre et de mystère aux obscurités de ce drame.

Il y a cinq jours de cela. Au nombre des invités qui déjeunaient chez M. de Dreux-Soubise, se trouvaient ses deux nièces et sa cousine, et, comme hommes, le président d'Essaville, le député Bochas, le chevalier Floriani que le comte avait connu en Sicile, et le général marquis de Rouzières, un vieux camarade de cercle.

Après le repas, ces dames servirent le café et les messieurs eurent l'autorisation d'une cigarette, à condition de ne point déserter le salon. On causa. L'une des jeunes filles s'amusa à faire les cartes et à dire la bonne aventure. Puis on en vint à parler de crimes célèbres. Et c'est à ce propos que M. de Rouzières, qui ne manquait jamais l'occasion de taquiner le comte, rappela l'aventure du collier, sujet de conversation que M. de Dreux avait en horreur.

Aussitôt chacun émit son avis. Chacun recommença l'instruction à sa manière. Et, bien entendu, toutes les hypothèses se contredisaient, toutes également inadmissibles.

– Et vous, monsieur, demanda la comtesse au chevalier Floriani, quelle est votre opinion ?

– Oh ! moi, je n'ai pas d'opinion, madame.

On se récria. Précisément, le chevalier venait de raconter très brillamment diverses aventures auxquelles il avait été mêlé avec son père, magistrat à Palerme, et où s'étaient affirmés son jugement et son goût pour ces questions.

– J'avoue, dit-il, qu'il m'est arrivé de réussir alors que de plus habiles avaient renoncé. Mais de là à me considérer comme un Sherlock Holmes... Et puis, c'est à peine si je sais de quoi il s'agit.

On se tourna vers le maître de la maison. À contrecœur, il dut résumer les faits. Le chevalier écouta, réfléchit, posa quelques interrogations, et murmura :

– C'est drôle... à première vue il ne me semble pas que la chose soit si difficile à deviner.

Le comte haussa les épaules. Mais les autres personnes s'empressèrent autour du chevalier, et il reprit d'un ton un peu dogmatique :

– En général, pour remonter à l'auteur d'un crime ou d'un vol, il faut déterminer comment ce crime ou ce vol ont été commis. Dans le cas actuel, rien de plus simple, selon moi, car nous nous trouvons en face, non pas de plusieurs hypothèses, mais d'une certitude, d'une certitude unique, rigoureuse, et qui s'énonce ainsi : l'individu ne pouvait entrer que par la porte de la chambre ou par la fenêtre du cabinet. Or on n'ouvre pas, de l'extérieur, une porte verrouillée. Donc il est entré par la fenêtre.

– Elle était fermée, et on l’a retrouvée fermée, déclara M. de Dreux.

– Pour cela, continua Floriani, sans relever l’interruption, il n’a eu besoin que d’établir un pont, planche ou échelle, entre le balcon de la cuisine et le rebord de la fenêtre, et dès que l’écrin...

– Mais je vous répète que la fenêtre était fermée ! s’écria le comte avec impatience.

Cette fois Floriani dut répondre. Il le fit avec la plus grande tranquillité, en homme qu’une objection aussi insignifiante ne trouble point.

– Je veux croire qu’elle l’était, mais n’y a-t-il pas un vasistas ?

– Comment le savez-vous ?

– D’abord c’est presque une règle, dans les hôtels de cette époque. Et ensuite il faut bien qu’il en soit ainsi, puisque, autrement, le vol serait inexplicable.

– En effet, il y en a un, mais il est clos, comme la fenêtre. On n’y a même pas fait attention.

– C’est un tort. Car si on y avait fait attention, on aurait vu évidemment qu’il avait été ouvert.

– Et comment ?

– Je suppose que, pareil à tous les autres, il s’ouvre au moyen d’un fil de fer tressé, muni d’un anneau à son extrémité inférieure ?

– Oui.

– Et cet anneau pendait entre la croisée et le bahut ?

– Oui, mais je ne comprends pas...

– Voici. Par une fente pratiquée dans le carreau, on a pu, à l’aide d’un instrument quelconque, mettons une baguette de fer pourvue d’un crochet, agripper l’anneau, peser et ouvrir.

Le comte ricana :

– Parfait ! parfait ! vous arrangez tout cela avec une aisance ! seulement vous oubliez une chose, cher monsieur, c’est qu’il n’y a pas eu de fente pratiquée dans le carreau.

– Il y a eu une fente.

– Allons donc, on l’aurait vue.

– Pour voir il faut regarder, et l’on n’a pas regardé. La fente existe, il est matériellement impossible qu’elle n’existe pas, le long du carreau, contre le mastic... dans le sens vertical, bien entendu.

Le comte se leva. Il paraissait très surexcité. Il arpenta deux ou trois fois le salon d'un pas nerveux, et, s'approchant de Floriani :

– Rien n'a changé là-haut depuis ce jour... personne n'a mis les pieds dans ce cabinet.

– En ce cas, monsieur, il vous est loisible de vous assurer que mon explication concorde avec la réalité.

– Elle ne concorde avec aucun des faits que la justice a constatés. Vous n'avez rien vu, vous ne savez rien, et vous allez à l'encontre de tout ce que nous avons vu et de tout ce que nous savons.

Floriani ne sembla point remarquer l'irritation du comte, et il dit en souriant :

– Mon Dieu, monsieur, je tâche de voir clair, voilà tout. Si je me trompe, prouvez-moi mon erreur.

– Sans plus tarder... J'avoue qu'à la longue votre assurance...

M. de Dreux mâchonna encore quelques paroles, puis, soudain, se dirigea vers la porte et sortit.

Pas un mot ne fut prononcé. On attendait anxieusement, comme si, vraiment, une parcelle de la vérité allait apparaître. Et le silence avait une gravité extrême.

Enfin, le comte apparut dans l'embrasure de la porte. Il était pâle et singulièrement agité. Il dit à ses amis, d'une voix tremblante :

– Je vous demande pardon... les révélations de monsieur sont si imprévues... je n'aurais jamais pensé...

Sa femme l'interrogea avidement :

– Parle... je t'en supplie... qu'y a-t-il ?

Il balbutia :

– La fente existe... à l'endroit même indiqué... le long du carreau...

Il saisit brusquement le bras du chevalier et lui dit d'un ton impérieux :

– Et maintenant, monsieur, poursuivez... je reconnais que vous avez raison jusqu'ici ; mais maintenant, ce n'est pas fini... répondez... que s'est-il passé, selon vous ?

Floriani se dégagea doucement et après un instant prononça :

– Eh bien, selon moi, voilà ce qui s'est passé. L'individu, sachant que Mme de Dreux allait au bal avec le collier, a jeté sa passerelle pendant votre absence. Au travers de la fenêtre, il vous a surveillé et vous a vu cacher le bijou. Dès que vous êtes parti, il a coupé la vitre et a tiré l'anneau.

– Soit, mais la distance est trop grande pour qu'il ait pu, par le vasistas, atteindre la poignée de la fenêtre.

– S'il n'a pu l'ouvrir, c'est qu'il est entré par le vasistas lui-même.

– Impossible ; il n'y a pas d'homme assez mince pour s'introduire par là.

– Alors ce n'est pas un homme.

– Comment !

– Certes. Si le passage est trop étroit pour un homme, il faut bien que ce soit un enfant.

– Un enfant !

– Ne m'avez-vous pas dit que votre amie Henriette avait un fils ?

– En effet... un fils qui s'appelait Raoul.

– Il est infiniment probable que c'est ce Raoul qui a commis le vol.

– Quelle preuve en avez-vous ?

– Quelle preuve ?... il n'en manque pas, de preuves... Ainsi, par exemple...

Il se tut et réfléchit quelques secondes. Puis il reprit :

– Ainsi, par exemple, cette passerelle, il n'est pas à croire que l'enfant l'ait apportée du dehors et remportée sans que l'on s'en soit aperçu. Il a dû employer ce qui était à sa disposition. Dans le réduit où Henriette faisait sa cuisine, il y avait, n'est-ce pas, des tablettes accrochées au mur où l'on posait les casseroles ?

– Deux tablettes, autant que je me souvienne.

– Il faudrait s'assurer si ces planches sont réellement fixées aux tasseaux de bois qui les supportent. Dans le cas contraire, nous serions autorisés à penser que l'enfant les a déclouées, puis attachées l'une à l'autre. Peut-être aussi, puisqu'il y avait un fourneau, trouverait-on le crochet à fourneau dont il a dû se servir pour ouvrir le vasistas.

Sans mot dire le comte sortit, et cette fois, les assistants ne ressentirent même point la petite anxiété de l'inconnu qu'ils avaient éprouvée la première fois. Ils savaient, ils savaient de façon absolue que les prévisions de Floriani étaient justes. Il émanait de cet homme une impression de certitude si rigoureuse qu'on l'écoutait non point comme s'il déduisait des faits les uns des autres, mais comme s'il racontait des événements dont il était facile de vérifier au fur et à mesure l'authenticité.

Et personne ne s'étonna lorsque à son tour le comte déclara :

– C'est bien l'enfant, c'est bien lui, tout l'atteste.

– Vous avez vu les planches... le crochet ?

– J'ai vu... les planches ont été déclouées... le crochet est encore là.

Mme de Dreux-Soubise s'écria :

– C'est lui... Vous voulez dire plutôt que c'est sa mère. Henriette est la seule coupable. Elle aura obligé son fils...

– Non, affirma le chevalier, la mère n'y est pour rien.

– Allons donc ! ils habitaient la même chambre, l'enfant n'aurait pu agir à l'insu d'Henriette.

– Ils habitaient la même chambre, mais tout s'est passé dans la pièce voisine, la nuit, tandis que la mère dormait.

– Et le collier ? fit le comte, on l'aurait trouvé dans les affaires de l'enfant.

– Pardon ! il sortait, lui. Le matin même où vous l'avez surpris devant sa table de travail, il venait de l'école, et peut-être la justice, au lieu d'épuiser ses ressources contre la mère innocente, aurait-elle été mieux inspirée en perquisitionnant là-bas, dans le pupitre de l'enfant, parmi ses livres de classe.

– Soit, mais ces deux mille francs qu'Henriette recevait chaque année, n'est-ce pas le meilleur signe de sa complicité ?

– Complice, vous eût-elle remerciés de cet argent ? Et puis, ne la surveillait-on pas ? Tandis que l'enfant est libre, lui, il a toute facilité pour courir jusqu'à la ville voisine pour s'aboucher avec un revendeur quelconque et lui céder à vil prix un diamant, deux diamants, selon le cas... sous la seule condition que l'envoi d'argent sera effectué de Paris, moyennant quoi on recommencera l'année suivante.

Un malaise indéfinissable oppressait les Dreux-Soubise et leurs invités. Vraiment il y avait dans le ton, dans l'attitude de Floriani, autre chose que cette certitude qui, dès le début avait si fort agacé le comte. Il y avait comme de l'ironie, et une ironie qui semblait plutôt hostile que sympathique et amicale ainsi qu'il eût convenu.

Le comte affecta de rire.

– Tout cela est d'un ingénieux qui me ravit ! Mes compliments ! Quelle imagination brillante !

– Mais non, mais non, s'écria Floriani avec plus de gravité, je n'imagine pas, j'évoque des circonstances qui furent inévitablement telles que je les montre.

– Qu'en savez-vous ?

– Ce que vous-même m'en avez dit. Je me représente la vie de la mère et de l'enfant, là-bas, au fond de la province, la mère qui tombe malade, les ruses et les inventions du petit pour vendre les pierreries et sauver sa mère ou tout au moins adoucir ses derniers moments. Le mal l'emporte. Elle meurt. Des années passent. L'enfant grandit, devient un homme. Et alors – et pour cette fois, je veux bien admettre que mon imagination se donne libre cours –, supposons que cet homme éprouve le besoin de revenir dans les lieux où il a vécu son enfance, qu'il les revoie, qu'il retrouve ceux qui ont soupçonné, accusé sa mère... pensez-vous à l'intérêt poignant d'une telle entrevue dans la vieille maison où se sont déroulées les péripéties du drame ?

Ses paroles retentirent quelques secondes dans le silence inquiet, et sur le visage de M. et Mme de Dreux, se lisait un effort éperdu pour comprendre, en même temps que la peur, que l'angoisse de comprendre. Le comte murmura :

– Qui êtes-vous donc, monsieur ?

– Moi ? mais le chevalier Floriani que vous avez rencontré à Palerme et que vous avez été assez bon de convier chez vous déjà plusieurs fois.

– Alors que signifie cette histoire ?

– Oh ! mais rien du tout ! C'est simple jeu de ma part. J'essaie de me figurer la joie que le fils d'Henriette, s'il existe encore, aurait à vous dire qu'il fut le seul coupable, et qu'il le fut parce que sa mère était malheureuse, sur le point de perdre la place de... domestique dont elle vivait, et parce que l'enfant souffrait de voir sa mère malheureuse.

Il s'exprimait avec une émotion contenue, à demi levé et penché vers la comtesse. Aucun doute ne pouvait subsister. Le chevalier Floriani n'était autre que le fils d'Henriette. Tout, dans son attitude, dans ses paroles, le proclamait. D'ailleurs n'était-ce point son intention évidente, sa volonté même d'être reconnu comme tel ?

Le comte hésita. Quelle conduite allait-il tenir envers l'audacieux personnage ? Sonner ? Provoquer un scandale ? Démasquer celui qui l’avait dépouillé jadis ? Mais il y avait si longtemps ! Et qui voudrait admettre cette histoire absurde d’enfant coupable ? Non, il valait mieux accepter la situation, en affectant de n’en point saisir le véritable sens. Et le comte, s’approchant de Floriani, s’écria avec enjouement :

– Très amusant, très curieux, votre roman. Je vous jure qu’il me passionne. Mais, suivant vous, qu’est-il devenu, ce bon jeune homme, ce modèle des fils ? J’espère qu’il ne s’est pas arrêté en si beau chemin.

– Oh ! certes, non.

– N’est-ce pas ! Après un tel début ! Prendre le Collier de la Reine à six ans, le célèbre collier que convoitait Marie-Antoinette !

– Et le prendre, observa Floriani, se prêtant au jeu du comte, le prendre sans qu’il lui en coûte le moindre désagrément, sans que personne ait l’idée d’examiner l’état des carreaux, ou s’aviser que le rebord de la fenêtre est trop propre, ce rebord qu’il avait essuyé pour effacer les traces de son passage sur l’épaisse poussière... Avouez qu’il y avait de quoi tourner la tête d’un gamin de son âge. C’est donc si facile ? Il n’y a donc qu’à vouloir et tendre la main ?... Ma foi, il voulut...

– Et il tendit la main.

– Les deux mains, reprit le chevalier en riant.

Il y eut un frisson. Quel mystère cachait la vie de ce soi-disant Floriani ? Combien extraordinaire devait être l’existence de cet aventurier, voleur génial à six ans, et qui, aujourd’hui, par un raffinement de dilettante en quête d’émotion, ou tout au plus pour satisfaire un sentiment de rancune, venait braver sa victime chez elle, audacieusement, follement, et cependant avec toute la correction d’un galant homme en visite !

Il se leva et s’approcha de la comtesse pour prendre congé. Elle réprima un mouvement de recul. Il sourit.

– Oh ! madame, vous avez peur ! aurais-je donc poussé trop loin ma petite comédie de sorcier de salon ?

Elle se domina et répondit avec la même désinvolture un peu railleuse :

– Nullement, monsieur. La légende de ce bon fils m’a au contraire fort intéressée, et je suis heureuse que mon collier ait été l’occasion d’une destinée aussi brillante. Mais ne croyez-vous pas que le fils de cette... femme, de cette Henriette, obéissait surtout à sa vocation ?

Il tressaillit, sentant la pointe, et répliqua :

– J'en suis persuadé, et il fallait même que cette vocation fût sérieuse pour que l'enfant ne se rebutât point.

– Et comment cela ?

– Mais oui, vous le savez, la plupart des pierres étaient fausses. Il n'y avait de vrai que les quelques diamants rachetés au bijoutier anglais, les autres ayant été vendus un à un selon les dures nécessités de la vie.

– C'était toujours le Collier de la Reine, monsieur, dit la comtesse avec hauteur, et voilà, me semble-t-il, ce que le fils d'Henriette ne pouvait comprendre.

– Il a dû comprendre, madame, que faux ou vrai, le collier était avant tout un objet de parade, une enseigne.

M. de Dreux fit un geste. Sa femme aussitôt le prévint.

– Monsieur, dit-elle, si l'homme auquel vous faites allusion a la moindre pudeur...

Elle s'interrompit, intimidée par le calme regard de Floriani.

Il répéta :

– Si cet homme a la moindre pudeur ?...

Elle sentit qu'elle ne gagnerait rien à lui parler de la sorte, et malgré elle, malgré sa colère et son indignation toute frémissante d'orgueil humilié, elle lui dit presque poliment :

– Monsieur, la légende veut que Retaux de Villette, quand il eut le Collier de la Reine entre les mains et qu'il en eut fait sauter tous les diamants avec Jeanne de Valois, n'ait point osé toucher à la monture. Il comprit que les diamants n'étaient que l'ornement, l'accessoire, mais que la monture était l'œuvre essentielle, la création même de l'artiste, et il la respecta. Pensez-vous que cet homme ait compris également ?

– Je ne doute pas que la monture existe. L'enfant l'a respectée.

– Eh bien ! monsieur, s'il vous arrive de le rencontrer, vous lui direz qu'il garde injustement une de ces reliques qui sont la propriété et la gloire de certaines familles, et qu'il a pu en arracher les pierres sans que le Collier de la Reine cessât d'appartenir à la maison de Dreux-Soubise. Il nous appartient comme notre nom, comme notre honneur.

Le chevalier répondit simplement :

– Je lui dirai, madame.

Il s'inclina devant elle, salua le comte, salua les uns après les autres tous les assistants et sortit.

Quatre jours après, Mme de Dreux trouvait sur la table de sa chambre un écrin rouge aux armes du Cardinal. Elle l'ouvrit. C'était le Collier en esclavage de la Reine.

Mais comme toutes les choses doivent, dans la vie d'un homme soucieux d'unité et de logique, concourir au même but – et qu'un peu de réclame n'est jamais nuisible – le lendemain l'*Écho de France* publiait ces lignes sensationnelles :

Le Collier de la Reine, le célèbre bijou dérobé autrefois à la famille de Dreux-Soubise, a été retrouvé par Arsène Lupin. Arsène Lupin s'est empressé de le rendre à ses légitimes propriétaires. On ne peut qu'applaudir à cette attention délicate et chevaleresque.

6

Le sept de cœur

Une question se pose et elle me fut souvent posée : « Comment ai-je connu Arsène Lupin ? »

Personne ne doute que je le connaisse. Les détails que j'accumule sur cet homme déconcertant, les faits irréfutables que j'expose, les preuves nouvelles que j'apporte, l'interprétation que je donne de certains actes dont on n'avait vu que les manifestations extérieures sans en pénétrer les raisons secrètes ni le mécanisme invisible, tout cela prouve bien, sinon une intimité, que l'existence même de Lupin rendrait impossible, du moins des relations amicales et des confidences suivies.

Mais comment l'ai-je connu ? D'où me vient la faveur d'être son historiographe ? Pourquoi moi et pas un autre ?

La réponse est facile : le hasard seul a présidé à un choix où mon mérite n'entre pour rien. C'est le hasard qui m'a mis sur sa route. C'est par hasard que j'ai été mêlé à une de ses plus étranges et de ses plus mystérieuses aventures, par hasard enfin que je fus acteur dans un drame dont il fut le merveilleux metteur en scène, drame obscur et complexe, hérissé de telles péripéties que j'éprouve un certain embarras au moment d'en entreprendre le récit.

Le premier acte se passe au cours de cette fameuse nuit du 22 au 23 juin, dont on a tant parlé. Et pour ma part, disons-le tout de suite, j'attribue la conduite assez anormale que je tins en l'occasion, à l'état d'esprit très spécial où je me trouvais en rentrant chez moi. Nous avions dîné entre amis au restaurant de la Cascade, et, toute la soirée, tandis que nous fumions et que l'orchestre de tziganes jouait des valses mélancoliques, nous n'avions parlé que de crimes et de vols, d'intrigues effrayantes et ténébreuses. C'est toujours là une mauvaise préparation au sommeil.

Les Saint-Martin s'en allèrent en automobile, Jean Daspry – ce charmant et insouciant Daspry qui devait six mois après, se faire tuer de façon si tragique sur la frontière du Maroc – Jean Daspry et moi nous revînmes à pied par la nuit obscure et chaude. Quand nous fûmes arrivés devant le petit hôtel que j'habitais depuis un an à

Neuilly, sur le boulevard Maillot, il me dit :

– Vous n'avez jamais peur ?

– Quelle idée !

– Dame, ce pavillon est tellement isolé ! pas de voisins... des terrains vagues... Vrai, je ne suis pas poltron, et cependant...

– Eh bien ! vous êtes gai, vous !

– Oh ! je dis cela comme je dirais autre chose. Les Saint-Martin m'ont impressionné avec leurs histoires de brigands.

M'ayant serré la main, il s'éloigna. Je pris ma clef et j'ouvris.

– Allons ! bon, murmurai-je. Antoine a oublié de m'allumer une bougie.

Et soudain je me rappelai : Antoine était absent, je lui avais donné congé.

Tout de suite l'ombre et le silence me furent désagréables. Je montai jusqu'à ma chambre, à tâtons, le plus vite possible, et aussitôt, contrairement, à mon habitude, je tournai la clef et poussai le verrou. Puis j'allumai.

La flamme de la bougie me rendit mon sang-froid. Pourtant j'eus soin de tirer mon revolver de sa gaine, un gros revolver à longue portée, et je le posai à côté de mon lit. Cette précaution acheva de me rassurer. Je me couchai et, comme à l'ordinaire, pour m'endormir, je pris sur la table de nuit le livre qui m'y attendait chaque soir.

Je fus très étonné. À la place du coupe-papier dont je l'avais marqué la veille, se trouvait une enveloppe, cachetée de cinq cachets de cire rouge. Je la saisis vivement. Elle portait comme adresse mon nom et mon prénom, accompagnés de cette mention :

Urgente.

Une lettre ! une lettre à mon nom ! qui pouvait l'avoir mise à cet endroit ? Un peu nerveux, je déchirai l'enveloppe et je lus :

À partir du moment où vous aurez ouvert cette lettre, quoi qu'il arrive, quoi que vous entendiez, ne bougez plus, ne faites pas un geste, ne jetez pas un cri. Sinon, vous êtes perdu.

Moi non plus je ne suis pas un poltron, et, tout aussi bien qu'un autre, je sais me tenir en face du danger réel, ou sourire des périls chimériques dont s'effare notre imagination. Mais je le répète, j'étais dans une situation d'esprit anormale, plus facilement impressionnable, les nerfs à fleur de peau. Et d'ailleurs, n'y avait-il pas dans tout cela quelque chose de troublant et d'inexplicable qui eût ébranlé l'âme du plus intrépide ?

Mes doigts serraient fiévreusement la feuille de papier, et mes yeux relisaient sans cesse les phrases menaçantes... « Ne faites pas un geste... ne jetez pas un cri... sinon vous êtes perdu... » Allons donc ! pensai-je, c'est quelque plaisanterie, une farce imbécile.

Je fus sur le point de rire, même je voulus rire à haute voix. Qui m'en empêcha ? Quelle crainte indécise me comprima la gorge ?

Du moins je soufflerais la bougie. Non, je ne pus la souffler. « Pas un geste, ou vous êtes perdu », était-il écrit.

Mais pourquoi lutter contre ces sortes d'autosuggestions plus impérieuses souvent que les faits les plus précis ? Il n'y avait qu'à fermer les yeux. Je fermai les yeux.

Au même moment, un bruit léger passa dans le silence, puis des craquements. Et cela provenait, me sembla-t-il, d'une grande salle voisine où j'avais installé mon cabinet de travail et dont je n'étais séparé que par l'antichambre.

L'approche d'un danger réel me surexcita, et j'eus la sensation que j'allais me lever, saisir mon revolver, me précipiter dans la salle. Je ne me levai point : en face de moi, un des rideaux de la fenêtre de gauche avait remué.

Le doute n'était pas possible : il avait remué. Il remuait encore ! Et je vis – oh ! je vis cela distinctement – qu'il y avait entre les rideaux et la fenêtre, dans cet espace trop étroit, une forme humaine dont l'épaisseur empêchait l'étoffe de tomber droit.

Et l'être aussi me voyait, il était certain qu'il me voyait à travers les mailles très larges de l'étoffe. Alors je compris tout. Tandis que les autres emportaient leur butin, sa mission à lui consistait à me tenir en respect. Me lever ? Saisir un revolver ? Impossible... Il était là ! au moindre geste, au moindre cri, j'étais perdu.

Un coup violent secoua la maison, suivi de petits coups groupés par deux ou trois, comme ceux d'un marteau qui frappe sur des pointes et qui rebondit. Ou du moins voilà ce que j'imaginais, dans la confusion de mon cerveau. Et d'autres bruits s'entrecroisèrent, un véritable vacarme qui prouvait que l'on ne se gênait point, et que l'on agissait en toute sécurité.

On avait raison : je ne bougeai pas. Fût-ce lâcheté ? Non, anéantissement plutôt, impuissance totale à mouvoir un seul de mes membres. Sagesse également, car enfin, pourquoi lutter ? Derrière cet homme il y en avait dix autres qui viendraient à son appel. Allai-je risquer ma vie pour sauver quelques tapisseries et quelques bibelots ?

Et toute la nuit ce supplice dura. Supplice intolérable, angoisse terrible ! Le bruit s'était interrompu, mais je ne cessais d'attendre qu'il recommençât. Et l'homme ! l'homme qui me surveillait, l'arme à la main ! Mon regard effrayé ne le quittait pas. Et mon cœur battait, et de la sueur ruisselait de mon front et de tout mon corps !

Et tout à coup un bien-être inexprimable m'envahit : une voiture de laitier dont je connaissais bien le roulement, passa sur le boulevard, et j'eus en même temps l'impression que l'aube se glissait entre les persiennes closes et qu'un peu de jour dehors se mêlait à l'ombre.

Et le jour pénétra dans la chambre. Et d'autres voitures passèrent. Et tous les fantômes de la nuit s'évanouirent.

Alors je glissai un bras vers la table, lentement, sournoisement. En face rien ne remua. Je marquai des yeux le pli du rideau, l'endroit précis où il fallait viser, je fis le compte exact des mouvements que je devais exécuter, et, rapidement, j'empoignai mon revolver et je tirai.

Je sautai hors du lit avec un cri de délivrance, et je bondis sur le rideau. L'étoffe était percée, la vitre était percée. Quant à l'homme, je n'avais pu l'atteindre... pour cette bonne raison qu'il n'y avait personne.

Personne ! Ainsi, toute la nuit, j'avais été hypnotisé par un pli du rideau ! Et pendant ce temps, des malfaiteurs... Rageusement, d'un élan que rien n'eût arrêté, je tournai la clef dans la serrure, j'ouvris ma porte, je traversai l'antichambre, j'ouvris une autre porte, et je me ruai dans la salle.

Mais une stupeur me cloua sur le seuil, haletant, abasourdi, plus étonné encore que je ne l'avais été de l'absence de l'homme : rien n'avait disparu. Toutes les choses que je supposais enlevées : meubles, tableaux, vieux velours et vieilles soies, toutes ces choses étaient à leur place !

Spectacle incompréhensible ! Je n'en croyais pas mes yeux ! Pourtant ce vacarme, ces bruits de déménagement ? Je fis le tour de la pièce, j'inspectai les murs, je dressai l'inventaire de tous ces objets que je connaissais si bien. Rien ne manquait ! Et ce qui me déconcertait le plus, c'est que rien non plus ne révélait le passage des malfaiteurs, aucun indice, pas une chaise dérangée, pas une trace de pas.

« Voyons, voyons, me disais-je, en me prenant la tête à deux mains, je ne suis pourtant pas un fou ! J'ai bien entendu !... »

Pouce par pouce, avec les procédés d'investigation les plus minutieux, j'examinai la salle. Ce fut en vain. Ou plutôt... mais pouvais-je considérer cela comme une découverte ? Sous un petit tapis persan, jeté sur le parquet, je ramassai une carte, une carte à jouer. C'était un sept de cœur, pareil à tous les sept de cœur des jeux de cartes français, mais qui retint mon attention par un détail assez curieux. La pointe extrême de chacune des sept marques rouges en forme de cœur, était percée d'un trou, le trou rond et régulier qu'eût pratiqué l'extrémité d'un poinçon.

Voilà tout. Une carte et une lettre trouvée dans un livre. En dehors de cela, rien. Était-ce assez pour affirmer que je n'avais pas été le jouet d'un rêve ?

Toute la journée, je poursuivis mes recherches dans le salon. C'était une grande pièce en disproportion avec l'exiguïté de l'hôtel, et dont l'ornementation attestait le goût bizarre de celui qui l'avait conçue. Le parquet était fait d'une mosaïque de petites pierres multicolores, formant de larges dessins symétriques. La même mosaïque recouvrait les murs, disposée en panneaux : allégories pompéiennes, compositions byzantines, fresque du Moyen Âge. Un Bacchus enfourchait un tonneau. Un empereur couronné d'or, à barbe fleurie, tenait un glaive dans sa main droite.

Tout en haut, un peu à la façon d'un atelier, se découpait l'unique et vaste fenêtre. Cette fenêtre étant toujours ouverte la nuit, il était probable que les hommes avaient passé par là, à l'aide d'une échelle. Mais, ici encore, aucune certitude. Les montants de l'échelle eussent dû laisser des traces sur le sol battu de la cour : il n'y en avait point. L'herbe du terrain vague qui entourait l'hôtel aurait dû être fraîchement foulée : elle ne l'était pas.

J'avoue que je n'eus point l'idée de m'adresser à la police, tellement les faits qu'il m'eût fallu exposer étaient inconsistants et absurdes. On se fût moqué de moi. Mais le surlendemain, c'était mon jour de chronique au *Gil Blas*, où j'écrivais alors. Obsédé par mon aventure, je la racontai tout au long.

L'article ne passa pas inaperçu, mais je vis bien qu'on ne le prenait guère au sérieux, et qu'on le considérait plutôt comme une fantaisie que comme une histoire réelle. Les Saint-Martin me raillèrent. Daspry, cependant, qui ne manquait pas d'une certaine compétence en ces matières, vint me voir, se fit expliquer l'affaire et l'étudia... sans plus de succès d'ailleurs.

Or, un des matins suivants, le timbre de la grille résonna, et Antoine vint m'avertir qu'un monsieur désirait me parler. Il n'avait pas voulu donner son nom. Je le priai de monter.

C'était un homme d'une quarantaine d'années, très brun, de visage énergique, et dont les habits propres, mais usés, annonçaient un souci d'élégance qui contrastait avec ses façons plutôt vulgaires.

Sans préambule, il me dit – d'une voix éraillée, avec des accents qui me confirmèrent la situation sociale de l'individu :

– Monsieur, en voyage, dans un café, le *Gil Blas* m'est tombé sous les yeux. J'ai lu votre article. Il m'a intéressé... beaucoup.

– Je vous remercie.

– Et je suis revenu.

– Ah !

– Oui, pour vous parler. Tous les faits que vous avez racontés sont-ils exacts ?

– Absolument exacts.

– Il n'en est pas un seul qui soit de votre invention ?

– Pas un seul.

– En ce cas, j'aurais peut-être des renseignements à vous fournir.

– Je vous écoute.

– Non.

– Comment, non ?

– Avant de parler, il faut que je vérifie s'ils sont justes.

– Et pour les vérifier ?

– Il faut que je reste seul dans cette pièce.

Je le regardai avec surprise.

– Je ne vois pas très bien...

– C'est une idée que j'ai eue en lisant votre article. Certains détails établissent une coïncidence vraiment extraordinaire avec une autre aventure que le hasard m'a révélée. Si je me suis trompé, il est préférable que je garde le silence. Et l'unique moyen de le savoir, c'est que je reste seul...

Qu'y avait-il sous cette proposition ? Plus tard je me suis rappelé qu'en la formulant l'homme avait un air inquiet, une expression de physionomie anxieuse. Mais, sur le moment, bien qu'un peu étonné, je ne trouvai rien de particulièrement anormal à sa demande. Et puis une telle curiosité me stimulait !

Je répondis :

– Soit. Combien vous faut-il de temps ?

– Oh ! trois minutes, pas davantage. D'ici trois minutes, je vous rejoindrai.

Je sortis de la pièce. En bas, je tirai ma montre. Une minute s'écoula. Deux minutes... Pourquoi donc me sentais-je oppressé ? Pourquoi ces instants me paraissaient-ils plus solennels que d'autres ?

Deux minutes et demie... Deux minutes trois quarts... Et soudain un coup de feu retentit.

En quelques enjambées j'escaladai les marches et j'entrai. Un cri d'horreur m'échappa.

Au milieu de la salle l'homme gisait, immobile, couché sur le côté gauche. Du sang coulait de son crâne, mêlé à des débris de cervelle. Près de son poing un revolver, tout fumant.

Une convulsion l'agita, et ce fut tout.

Mais plus encore que ce spectacle effroyable, quelque chose me frappa, quelque chose qui fit que je n'appelai pas au secours tout de suite, et que je ne me jetai point à genoux pour voir si l'homme respirait. À deux pas de lui, par terre, il y avait un sept de cœur !

Je le ramassai. Les sept extrémités des sept marques rouges étaient percées d'un trou...

Une demi-heure après, le commissaire de police de Neuilly arrivait, puis le médecin légiste, puis le chef de la Sûreté, M. Dudouis. Je m'étais bien gardé de toucher au cadavre. Rien ne put fausser les premières constatations.

Elles furent brèves, d'autant plus brèves que tout d'abord on ne découvrit rien, ou peu de chose. Dans les poches du mort, aucun papier, sur ses vêtements aucun nom, sur son linge aucune initiale. Somme toute, pas un indice capable d'établir son identité. Et dans la salle le même ordre qu'auparavant. Les meubles n'avaient pas été dérangés, et les objets avaient gardé leur ancienne position. Pourtant cet homme n'était pas venu chez moi dans l'unique intention de se tuer, et parce qu'il jugeait que mon domicile convenait, mieux que tout autre, à son suicide ! Il fallait qu'un motif l'eût déterminé à cet acte de désespoir, et que ce motif lui-même résultât d'un fait nouveau, constaté par lui au cours des trois minutes qu'il avait passées seul.

Quel fait ? Qu'avait-il vu ? Qu'avait-il surpris ? Quel secret épouvantable avait-il pénétré ? Aucune supposition n'était permise.

Mais, au dernier moment, un incident se produisit, qui nous parut d'un intérêt considérable. Comme deux agents se baissaient pour soulever le cadavre et l'emporter sur un brancard, ils s'aperçurent que la main gauche, fermée jusqu'alors et crispée, s'était détendue, et qu'une carte de visite, toute froissée, s'en échappait.

Cette carte portait : *Georges Andermatt, 37, rue de Berri.*

Qu'est-ce que cela signifiait ? Georges Andermatt était un gros banquier de Paris, fondateur et président de ce Comptoir des Métaux qui a donné une telle impulsion aux industries métallurgiques de France. Il menait grand train, possédant mail-coach, automobile, écurie de courses. Ses réunions étaient très suivies et l'on citait Mme Andermatt pour sa grâce et sa beauté.

– Serait-ce le nom du mort ? murmurai-je.

Le chef de la Sûreté se pencha :

– Ce n'est pas lui. M. Andermatt est un homme pâle et un peu grisonnant.

– Mais alors pourquoi cette carte ?

– Vous avez le téléphone, monsieur ?

– Oui, dans le vestibule. Si vous voulez bien m'accompagner.

Il chercha dans l'annuaire et demanda le 415-21.

– M. Andermatt est-il chez lui ? Veuillez lui dire que M. Dudouis le prie de venir en toute hâte au 102 du boulevard Maillot. C'est urgent.

Vingt minutes plus tard, M. Andermatt descendait de son automobile. On lui exposa les raisons qui nécessitaient son intervention, puis on le mena devant le cadavre.

Il eut une seconde d'émotion qui contracta son visage et prononça à voix basse, comme s'il parlait malgré lui :

– Étienne Varin.

– Vous le connaissiez ?

– Non... ou du moins oui... mais de vue seulement. Son frère...

– Il a un frère ?

– Oui, Alfred Varin... Son frère est venu autrefois me solliciter... je ne sais plus à quel propos...

– Où demeure-t-il ?

– Les deux frères demeuraient ensemble... rue de Provence, je crois.

– Et vous ne soupçonnez pas la raison pour laquelle celui-ci s'est tué ?

– Nullement.

– Cependant cette carte qu'il tenait dans sa main ?... Votre carte avec votre adresse !

– Je n'y comprends rien. Ce n'est là évidemment qu'un hasard que l'instruction nous expliquera.

Un hasard en tout cas bien curieux, pensai-je, et je sentis que nous éprouvions tous la même impression.

Cette impression, je la retrouvai dans les journaux du lendemain, et chez tous ceux de mes amis avec qui je m'entretins de l'aventure. Au milieu des mystères qui la compliquaient, après la double découverte, si déconcertante, de ce sept de cœur sept fois percé, après les deux événements aussi énigmatiques l'un que l'autre dont ma demeure avait été le théâtre, cette carte de visite semblait enfin promettre un peu de lumière. Par elle on arriverait à la vérité.

Mais, contrairement aux prévisions, M. Andermatt ne fournit aucune indication.

– J'ai dit ce que je savais, répétait-il. Que veut-on de plus ? Je suis le premier stupéfait que cette carte ait été trouvée là, et j'attends comme tout le monde que ce point soit éclairci.

Il ne le fut pas. L'enquête établit que les frères Varin, Suisses d'origine, avaient mené sous des noms différents une vie fort mouvementée, fréquentant les tripots, en relations avec toute une bande d'étrangers, dont la police s'occupait, et qui s'était dispersée après une série de cambriolages auxquels leur participation ne fut établie que par la suite. Au numéro 24 de la rue de Provence où les frères Varin avaient en effet habité six ans auparavant, on ignorait ce qu'ils étaient devenus.

Je confesse que, pour ma part, cette affaire me semblait si embrouillée que je ne croyais guère à la possibilité d'une solution, et que je m'efforçais de n'y plus songer. Mais Jean Daspry, au contraire, que je vis beaucoup à cette époque, se passionnait chaque jour davantage.

Ce fut lui qui me signala cet écho d'un journal étranger que toute la presse reproduisait et commentait :

On va procéder en présence de l'Empereur, et dans un lieu que l'on tiendra secret jusqu'à la dernière minute, aux premiers essais d'un sous-marin qui doit révolutionner les conditions futures de la guerre navale. Une indiscrétion nous en a révélé le nom : il s'appelle le Sept-de-cœur.

Le *Sept-de-cœur ?* était-ce là rencontre fortuite ? ou bien devait-on établir un lien entre le nom de ce sous-marin et les incidents dont nous avons parlé ? Mais un lien de quelle nature ? Ce qui se passait ici ne pouvait aucunement se relier à ce qui se passait là-bas.

– Qu'en savez-vous ? me disait Daspry. Les effets les plus disparates proviennent souvent d'une cause unique.

Le surlendemain, un autre écho nous arrivait :

On prétend que les plans du Sept-de-cœur, *le sous-marin dont les expériences vont avoir lieu incessamment, ont été exécutés par des ingénieurs français. Ces ingénieurs, ayant sollicité en vain l'appui de leurs compatriotes, se seraient adressés ensuite, sans plus de succès, à l'Amirauté anglaise. Nous donnons ces nouvelles sous toute réserve.*

Je n'ose pas insister sur des faits de nature extrêmement délicate, et qui provoquèrent, on s'en souvient, une émotion si considérable. Cependant, puisque tout danger de complication est écarté, il me faut bien parler de l'article de l'*Écho de France*, qui fit alors grand bruit, et qui jeta sur l'affaire du Sept-de-cœur, comme on l'appelait, quelques clartés... confuses.

Le voici, tel qu'il parut sous la signature de Salvator :

L'AFFAIRE DU « SEPT-DE-CŒUR »

UN COIN DU VOILE SOULEVÉ

Nous serons brefs. Il y a dix ans, un jeune ingénieur des mines, Louis Lacombe, désireux de consacrer son temps et sa fortune aux études qu'il poursuivait, donna sa démission, et loua, au numéro

102, boulevard Maillot, un petit hôtel qu'un comte italien avait fait récemment construire et décorer. Par l'intermédiaire de deux individus, les frères Varin, de Lausanne, dont l'un l'assistait dans ses expériences comme préparateur, et dont l'autre lui cherchait des commanditaires, il entra en relations avec M. Georges Andermatt, qui venait de fonder le Comptoir des Métaux.

Après plusieurs entrevues, il parvint à l'intéresser à un projet de sous-marin auquel il travaillait, et il fut entendu que, dès la mise au point définitive de l'invention, M. Andermatt userait de son influence pour obtenir du ministère de la Marine une série d'essais.

Durant deux années, Louis Lacombe fréquenta assidûment l'hôtel Andermatt et soumit au banquier les perfectionnements qu'il apportait à son projet, jusqu'au jour où, satisfait lui-même de son travail, ayant trouvé la formule définitive qu'il cherchait, il pria M. Andermatt de se mettre en campagne.

Ce jour-là, Louis Lacombe dîna chez les Andermatt. Il s'en alla, le soir, vers onze heures et demie. Depuis on ne l'a plus revu.

En relisant les journaux de l'époque, on verrait que la famille du jeune homme saisit la justice et que le parquet s'inquiéta. Mais on n'aboutit à aucune certitude, et généralement il fut admis que Louis Lacombe qui passait pour un garçon original et fantasque, était parti en voyage sans prévenir personne.

Acceptons cette hypothèse... invraisemblable. Mais une question se pose, capitale pour notre pays : que sont devenus les plans du sous-marin ? Louis Lacombe les a-t-il emportés ? Sont-ils détruits ?

De l'enquête très sérieuse à laquelle nous nous sommes livrés, il résulte que ces plans existent. Les frères Varin les ont eus entre les mains. Comment ? Nous n'avons encore pu l'établir, de même que nous ne savons pas pourquoi ils n'ont pas essayé plutôt de les vendre. Craignaient-ils qu'on ne leur demandât comment ils les avaient en leur possession ? En tout cas cette crainte n'a pas persisté, et nous pouvons en toute certitude affirmer ceci : les plans de Louis Lacombe sont la propriété d'une puissance étrangère, et nous sommes en mesure de publier la correspondance échangée à ce propos entre les frères Varin et le représentant de cette puissance. Actuellement le Sept-de-cœur *imaginé par Louis Lacombe est réalisé par nos voisins.*

La réalité répondra-t-elle aux prévisions optimistes de ceux qui ont été mêlés à cette trahison ? Nous avons, pour espérer le contraire, des raisons que l'événement, nous voudrions le croire, ne trompera point.

Et un post-scriptum ajoutait :

Dernière heure. – Nous espérions à juste titre. Nos informations particulières nous permettent d'annoncer que les essais du Sept-de-cœur *n'ont pas été satisfaisants. Il est assez probable qu'aux plans livrés par les frères Varin, il manquait le dernier document apporté par Louis Lacombe à M. Andermatt le soir de sa disparition, document indispensable à la compréhension totale du projet, sorte de résumé où l'on retrouve les conclusions définitives, les évaluations et les mesures contenues dans les autres papiers. Sans ce document, les plans sont imparfaits ; de même que, sans les plans, le document est inutile.*

Donc il est encore temps d'agir et de reprendre ce qui nous appartient. Pour cette besogne fort difficile, nous comptons beaucoup sur l'assistance de M. Andermatt. Il aura à cœur d'expliquer la conduite inexplicable qu'il a tenue depuis le début. Il dira non seulement pourquoi il n'a pas raconté ce qu'il savait au moment du suicide d'Étienne Varin, mais aussi pourquoi il n'a jamais révélé la disparition des papiers dont il avait connaissance. Il dira pourquoi, depuis six ans, il fait surveiller les frères Varin par des agents à sa solde.

Nous attendons de lui, non point des paroles, mais des actes. Sinon...

La menace était brutale, Mais en quoi consistait-elle ? Quel moyen d'intimidation Salvator, l'auteur... anonyme de l'article, possédait-il sur Andermatt ?

Une nuée de reporters assaillit le banquier, et dix interviews exprimèrent le dédain avec lequel il répondit à cette mise en demeure. Sur quoi, le correspondant de l'*Écho de France* riposta par ces trois lignes :

Que M. Andermatt le veuille ou non, il est, dès à présent, notre collaborateur dans l'œuvre que nous entreprenons.

Le jour où parut cette réplique, Daspry et moi nous dînâmes ensemble. Le soir, les journaux étalés sur ma table, nous discutions l'affaire et l'examinions sous toutes ses faces avec cette irritation que l'on éprouverait à marcher indéfiniment dans l'ombre et à toujours se heurter aux mêmes obstacles.

Et soudain, sans que mon domestique m'eût averti, sans que le timbre eût résonné, la porte s'ouvrit, et une dame entra, couverte d'un voile épais.

Je me levai aussitôt et m'avançai. Elle me dit :

– C'est vous, monsieur, qui demeurez ici ?

– Oui, madame, mais je vous avoue...

– La grille sur le boulevard n'était pas fermée, expliqua-t-elle.

– Mais la porte du vestibule ?

Elle ne répondit pas, et je songeai qu'elle avait dû faire le tour par l'escalier de service. Elle connaissait donc le chemin ?

Il y eut un silence un peu embarrassé. Elle regarda Daspry. Malgré moi, comme j'eusse fait, dans un salon, je le présentai. Puis je la priai de s'asseoir et de m'exposer le but de sa visite.

Elle enleva son voile et je vis qu'elle était brune, de visage régulier, et, sinon très belle, du moins d'un charme infini qui provenait de ses yeux surtout, des yeux graves et douloureux.

Elle dit simplement :

– Je suis madame Andermatt.

– Madame Andermatt ! répétai-je, de plus en plus étonné.

Un nouveau silence, et elle reprit d'une voix calme, et de l'air le plus tranquille :

– Je viens au sujet de cette affaire... que vous savez. J'ai pensé que je pourrais peut-être avoir auprès de vous quelques renseignements...

– Mon Dieu, madame, je n'en connais pas plus que ce qu'en ont dit les journaux. Veuillez préciser en quoi je puis vous être utile.

– Je ne sais pas... Je ne sais pas...

Seulement alors j'eus l'intuition que son calme était factice, et que, sous cet air de sécurité parfaite, se cachait un grand trouble. Et nous nous tûmes, aussi gênés l'un que l'autre.

Mais Daspry, qui n'avait pas cessé de l'observer, s'approcha et lui dit :

– Voulez-vous me permettre, madame, de vous poser quelques questions ?

– Oh ! oui, s'écria-t-elle, comme cela je parlerai.

– Vous parlerez... quelles que soient ces questions ?

– Quelles qu'elles soient.

Il réfléchit et prononça :

– Vous connaissez Louis Lacombe ?

– Oui, par mon mari.

– Quand l'avez-vous vu pour la dernière fois ?

– Le soir où il a dîné chez nous.

– Ce soir-là, rien n'a pu vous donner à penser que vous ne le verriez plus ?

– Non. Il avait bien fait allusion à un voyage en Russie, mais si vaguement !

– Vous comptiez donc le revoir ?

– Le surlendemain, à dîner.

– Et comment expliquez-vous cette disparition ?

– Je ne l'explique pas.

– Et M. Andermatt ?

– Je l'ignore.

– Cependant...

– Ne m'interrogez pas là-dessus.

– L'article de l'*Écho de France* semble dire...

– Ce qu'il semble dire, c'est que les frères Varin ne sont pas étrangers à cette disparition.

– Est-ce votre avis ?

– Oui.

– Sur quoi repose votre conviction ?

En nous quittant, Louis Lacombe portait une serviette qui contenait tous les papiers relatifs à son projet. Deux jours après, il y a eu entre mon mari et l'un des frères Varin, celui qui vit, une entrevue au cours de laquelle mon mari acquérait la preuve que ces papiers étaient aux mains des deux frères.

– Et il ne les a pas dénoncés ?

– Non.

– Pourquoi ?

– Parce que, dans la serviette, se trouvait autre chose que les papiers de Louis Lacombe.

– Quoi ?

Elle hésita, fut sur le point de répondre, puis finalement garda le silence. Daspry continua :

– Voilà donc la cause pour laquelle votre mari, sans avertir la police, faisait surveiller les deux frères. Il espérait à la fois reprendre les papiers et cette chose... compromettante grâce à laquelle les deux frères exerçaient sur lui une sorte de chantage.

– Sur lui... et sur moi.

– Ah ! sur vous aussi ?

– Sur moi principalement.

Elle articula ces trois mots d'une voix sourde. Daspry l'observa, fit quelques pas, et revenant à elle :

– Vous avez écrit à Louis Lacombe ?

– Certes... mon mari était en relations...

– En dehors des lettres officielles, n'avez-vous pas écrit à Louis Lacombe... d'autre lettres ? Excusez mon insistance, mais il est indispensable que je sache toute la vérité. Avez-vous écrit d'autres lettres ?

Toute rougissante, elle murmura :

– Oui.

– Et ce sont ces lettres que possédaient les frères Varin ?

– Oui.

– M. Andermatt le sait donc ?

– Il ne les a pas vues, mais Alfred Varin lui en a révélé l'existence, le menaçant de les publier si mon mari agissait contre eux. Mon mari a eu peur... il a reculé devant le scandale.

– Seulement il a tout mis en œuvre pour leur arracher ces lettres.

– Il a tout mis en œuvre... du moins, je le suppose, car, à partir de cette dernière entrevue avec Alfred Varin, et après les quelques mots très violents par lesquels il m'en rendit compte, il n'y a plus eu entre mon mari et moi aucune intimité, aucune confiance. Nous vivons comme deux étrangers.

– En ce cas, si vous n'avez rien à perdre, que craignez-vous ?

– Si indifférente que je lui sois devenue, je suis celle qu'il a aimée, celle qu'il aurait encore pu aimer – oh ! cela, j'en suis certaine, murmura-t-elle d'une voix ardente, il m'aurait encore aimée, s'il ne s'était pas emparé de ces maudites lettres...

– Comment ! il aurait réussi... Mais les deux frères se méfiaient cependant ?

– Oui, et ils se vantaient même, paraît-il, d'avoir une cachette sûre.

– Alors ?...

– J'ai tout lieu de croire que mon mari a découvert cette cachette !

– Allons donc ! où se trouvait-elle ?

– Ici.

Je tressautai.

– Ici ?

– Oui, et je l'avais toujours soupçonné. Louis Lacombe, très ingénieux, passionné de mécanique, s'amusait, à ses heures perdues, à confectionner des coffres et des serrures. Les frères Varin ont dû surprendre et, par la suite, utiliser une de ces cachettes pour dissimuler les lettres... et d'autres choses aussi sans doute.

– Mais ils n'habitaient pas ici, m'écriai-je.

– Jusqu'à votre arrivée, il y a quatre mois, ce pavillon est resté inoccupé. Il est donc probable qu'ils y revenaient, et ils ont pensé en outre que votre présence ne les gênerait pas le jour où ils auraient besoin de retirer tous leurs papiers. Mais ils comptaient sans mon mari qui, dans la nuit du 22 au 23 juin, a forcé le coffre, a pris... ce qu'il cherchait, et a laissé sa carte pour bien montrer aux deux frères qu'il n'avait plus à les redouter et que les rôles changeaient. Deux jours plus tard, averti par l'article du *Gil Blas*, Étienne Varin se présentait chez vous en toute hâte, restait seul dans ce salon, trouvait le coffre vide, et se tuait.

Après un instant, Daspry demanda :

– C'est une simple supposition, n'est-ce pas ? M. Andermatt ne vous a rien dit ?

– Non.

– Son attitude vis-à-vis de vous ne s'est pas modifiée ? Il ne vous a pas paru plus sombre, plus soucieux ?

– Non.

– Et vous croyez qu'il en serait ainsi s'il avait trouvé les lettres ! Pour moi, il ne les a pas. Pour moi, ce n'est pas lui qui est entré ici.

– Mais qui alors ?

– Le personnage mystérieux qui conduit cette affaire, qui en tient tous les fils, et qui la dirige vers un but que nous ne faisons qu'entrevoir à travers tant de complications, le personnage mystérieux dont on sent l'action visible et toute-puissante depuis la première heure. C'est lui et ses amis qui sont entrés dans cet hôtel le

22 juin, c'est lui qui a découvert la cachette, c'est lui qui a laissé la carte de M. Andermatt, c'est lui qui détient la correspondance et les preuves de la trahison des frères Varin.

– Qui, lui ? interrompis-je, non sans impatience.

– Le correspondant de l'*Écho de France*, parbleu, ce Salvator ! N'est-ce pas d'une évidence aveuglante ? Ne donne-t-il pas dans son article des détails que, seul, peut connaître l'homme qui a pénétré les secrets des deux frères ?

– En ce cas, balbutia Mme Andermatt, avec effroi, il a mes lettres également, et c'est lui à son tour qui menace mon mari ! Que faire, mon Dieu !

– Lui écrire, déclara nettement Daspry, se confier à lui sans détours, lui raconter tout ce que vous savez et tout ce que vous pouvez apprendre.

– Que dites-vous !

Votre intérêt est le même que le sien. Il est hors de doute qu'il agit contre le survivant des deux frères. Ce n'est pas contre M. Andermatt qu'il cherche les armes, mais contre Alfred Varin. Aidez-le.

– Comment ?

– Votre mari a-t-il ce document qui complète et qui permet d'utiliser les plans de Louis Lacombe ?

– Oui.

– Prévenez-en Salvator. Au besoin, tâchez de lui procurer ce document. Bref, entrez en correspondance avec lui. Que risquez-vous ?

Le conseil était hardi, dangereux même à première vue ; mais Mme Andermatt n'avait guère le choix. Aussi bien, comme disait Daspry, que risquait-elle ? Si l'inconnu était un ennemi, cette démarche n'aggravait pas la situation. Si c'était un étranger qui poursuivait un but particulier, il devait n'attacher à ces lettres qu'une importance secondaire.

Quoi qu'il en soit, il y avait là une idée, et Mme Andermatt, dans son désarroi, fut trop heureuse de s'y rallier. Elle nous remercia avec effusion, et promit de nous tenir au courant.

Le surlendemain, en effet, elle nous envoyait ce mot qu'elle avait reçu en réponse :

Les lettres ne s'y trouvaient pas. Mais je les aurai, soyez tranquille. Je veille à tout. S.

Je pris le papier. C'était l'écriture du billet que l'on avait introduit dans mon livre de chevet, le soir du 22 juin.

Daspry avait donc raison, Salvator était bien le grand organisateur de cette affaire.

En vérité, nous commencions à discerner quelques lueurs parmi les ténèbres qui nous environnaient et certains points s'éclairaient d'une lumière inattendue. Mais que d'autres restaient obscurs, comme la découverte des deux sept de cœur ! Pour ma part, j'en revenais toujours là, plus intrigué peut-être qu'il n'eût fallu par ces deux cartes dont les sept petites figures transpercées avaient frappé mes yeux en de si troublantes circonstances. Quel rôle jouaient-elles dans le drame ? Quelle importance devait-on leur attribuer ? Quelle conclusion devait-on tirer de ce fait que le sous-marin construit sur les plans de Louis Lacombe portait le nom de *Sept-de-cœur ?*

Daspry, lui, s'occupait peu des deux cartes, tout entier à l'étude d'un autre problème dont la solution lui semblait plus urgente : il cherchait inlassablement la fameuse cachette.

– Et qui sait, disait-il, si je n'y trouverais point les lettres que Salvator n'y a point trouvées... par inadvertance peut-être. Il est si peu croyable que les frères Varin aient enlevé d'un endroit qu'ils supposaient inaccessible l'arme dont ils savaient la valeur inappréciable.

Et il cherchait. La grande salle n'ayant bientôt plus de secrets pour lui, il étendait ses investigations à toutes les autres pièces du pavillon : il scruta l'intérieur et l'extérieur, il examina les pierres et les briques des murailles, il souleva les ardoises du toit.

Un jour, il arriva avec une pioche et une pelle, me donna la pelle, garda la pioche et, désignant le terrain vague :

– Allons-y.

Je le suivis sans enthousiasme. Il divisa le terrain en plusieurs sections qu'il inspecta successivement. Mais, dans un coin, à l'angle que formaient les murs des deux propriétés voisines, un amoncellement de moellons et de cailloux recouverts de ronces et d'herbes attira son attention. Il l'attaqua.

Je dus l'aider. Durant une heure, en plein soleil, nous peinâmes inutilement. Mais lorsque, sous les pierres écartées, nous parvînmes au sol lui-même et que nous l'eûmes éventré, la pioche de Daspry mit à nu des ossements, un reste de squelette autour duquel s'effiloquaient encore des bribes de vêtements.

Et soudain je me sentis pâlir. J'apercevais fichée en terre une petite plaque de fer, découpée en forme de rectangle et où il me semblait distinguer des taches rouges. Je me baissai. C'était bien cela : la plaque avait les dimensions d'une carte à jouer, et les taches rouges, d'un rouge de minium rongé par places, étaient au nombre de sept, disposées comme les sept points d'un sept de cœur, et percées d'un trou à chacune des sept extrémités.

– Écoutez, Daspry, j'en ai assez de toutes ces histoires. Tant mieux pour vous si elles vous intéressent. Moi, je vous fausse compagnie.

Était-ce l'émotion ? Était-ce la fatigue d'un travail exécuté sous un soleil trop rude, toujours est-il que je chancelai en m'en allant, et que je dus me mettre au lit, où je restai quarante-huit heures, fiévreux et brûlant, obsédé par des squelettes qui dansaient autour de moi et se jetaient à la tête leurs cœurs sanguinolents.

Daspry me fut fidèle. Chaque jour, il m'accorda trois ou quatre heures, qu'il passa, il est vrai, dans la grande salle, à fureter, cogner et tapoter.

– Les lettres sont là, dans cette pièce, venait-il me dire de temps à autre, elles sont là. J'en mettrais ma main au feu.

– Laissez-moi la paix, répondais-je, horripilé.

Le matin du troisième jour, je me levai, assez faible encore, mais guéri. Un déjeuner substantiel me réconforta. Mais un petit bleu que je reçus vers cinq heures contribua plus que tout à mon complet rétablissement, tellement ma curiosité fut, de nouveau et malgré tout, piquée au vif.

Le pneumatique contenait ces mots :

Monsieur,

Le drame dont le premier acte s'est passé dans la nuit du 22 au 23 juin touche à son dénouement. La force même des choses exigeant que je mette en présence l'un de l'autre les deux principaux personnages de ce drame et que cette confrontation ait lieu chez vous, je vous serais infiniment reconnaissant de me prêter votre domicile pour la soirée d'aujourd'hui. Il serait bon que, de neuf heures à onze heures, votre domestique fût éloigné, et préférable que vous-même eussiez l'extrême obligeance de bien vouloir laisser le champ libre aux adversaires. Vous avez pu vous rendre compte, dans la nuit du 22 au 23 juin, que je poussais jusqu'au scrupule le respect de tout ce qui vous appartient. De mon côté, je croirais vous faire injure si je doutais un seul instant de votre absolue discrétion à l'égard de celui qui signe

Votre dévoué,
Salvator.

Il y avait dans cette missive un ton d'ironie courtoise, et, dans la demande qu'elle exprimait, une si jolie fantaisie, que je me délectai. C'était d'une désinvolture charmante, et mon correspondant semblait tellement sûr de mon acquiescement ! Pour rien au monde, je n'eusse voulu le décevoir ou répondre à sa confiance par l'ingratitude.

À huit heures, mon domestique, à qui j'avais offert une place de théâtre, venait de sortir, quand Daspry arriva. Je lui montrai le petit bleu.

– Eh bien ? me dit-il.

– Eh bien ! je laisse la grille du jardin ouverte, afin que l'on puisse entrer.

– Et vous vous en allez ?

– Jamais de la vie !

– Mais puisqu'on vous demande...

– On me demande la discrétion. Je serai discret. Mais je tiens furieusement à voir ce qui va se passer.

Daspry se mit à rire.

– Ma foi, vous avez raison, et je reste aussi. J'ai idée qu'on ne s'ennuiera pas.

Un coup de timbre l'interrompit.

– Eux déjà ? murmura-t-il, et vingt minutes en avance ! Impossible.

Du vestibule, je tirai le cordon qui ouvrait la grille. Une silhouette de femme traversa le jardin : Mme Andermatt.

Elle paraissait bouleversée, et c'est en suffoquant qu'elle balbutia :

– Mon mari... il vient... il a rendez-vous... on doit lui donner les lettres...

– Comment le savez-vous ? lui dis-je.

– Un hasard. Un mot que mon mari a reçu pendant le dîner.

– Un petit bleu ?

– Un message téléphonique. Le domestique me l'a remis par erreur. Mon mari l'a pris aussitôt, mais il était trop tard... j'avais lu.

– Vous aviez lu...

– Ceci à peu près : « *À neuf heures, ce soir, soyez au boulevard Maillot avec les documents qui concernent l'affaire. En échange, les lettres.* »

« Après le dîner je suis remontée chez moi et je suis sortie.

– À l'insu de M. Andermatt ?

– Oui.

Daspry me regarda.

– Qu'en pensez-vous ?

– Je pense ce que vous pensez, que M. Andermatt est un des adversaires convoqués.

– Par qui ? et dans quel but ?

– C'est précisément ce que nous allons savoir.

Je les conduisis dans la grande salle.

Nous pouvions, à la rigueur, tenir tous les trois sous le manteau de la cheminée, et nous dissimuler derrière la tenture de velours. Nous nous installâmes. Mme Andermatt s'assit entre nous deux. Par les fentes du rideau la pièce entière nous apparaissait.

Neuf heures sonnèrent. Quelques minutes plus tard la grille du jardin grinça sur ses gonds.

J'avoue que je n'étais pas sans éprouver une certaine angoisse et qu'une fièvre nouvelle me surexcitait. J'étais sur le point de connaître le mot de l'énigme ! L'aventure déconcertante dont les péripéties se déroulaient devant moi depuis des semaines allait enfin prendre son véritable sens, et c'est sous mes yeux que la bataille allait se livrer.

Daspry saisit la main de Mme Andermatt et murmura :

– Surtout, pas un mouvement ! Quoi que vous entendiez ou voyiez, restez impassible.

Quelqu'un entra. Et je reconnus tout de suite, à sa grande ressemblance avec Étienne Varin, son frère Alfred. Même démarche lourde, même visage terreux envahi par la barbe.

Il entra de l'air inquiet d'un homme qui a l'habitude de craindre des embûches autour de lui, qui les flaire et les évite. D'un coup d'œil il embrassa la pièce et j'eus l'impression que cette cheminée masquée par une portière de velours lui était désagréable. Il fit trois pas de notre côté. Mais une idée, plus impérieuse sans doute, le détourna, car il obliqua vers le mur, s'arrêta devant le vieux roi en mosaïque, à la barbe fleurie, au glaive flamboyant, et l'examina longuement, montant sur une chaise, suivant du doigt le contour des épaules et de la figure, et palpant certaines parties de l'image.

Mais brusquement il sauta de sa chaise et s'éloigna du mur. Un bruit de pas retentissait. Sur le seuil apparut M. Andermatt.

Le banquier jeta un cri de surprise.

– Vous ! Vous ! C'est vous qui m'avez appelé ?

– Moi ? mais du tout, protesta Varin d'une voix cassée qui me rappela celle de son frère, c'est votre lettre qui m'a fait venir.

– Ma lettre !

– Une lettre signée de vous, où vous m'offrez...

– Je ne vous ai pas écrit.

– Vous ne m'avez pas écrit !

Instinctivement, Varin se mit en garde, non point contre le banquier, mais contre l'ennemi inconnu qui l'avait attiré dans ce piège. Une seconde fois, ses yeux se tournèrent de notre côté, et, rapidement, il se dirigea vers la porte.

M. Andermatt lui barra le passage.

– Que faites-vous donc, Varin ?

– Il y a là-dessous des machinations qui ne me plaisent pas. Je m'en vais. Bonsoir.

– Un instant !

– Voyons, monsieur Andermatt, n'insistez pas, nous n'avons rien à nous dire.

– Nous avons beaucoup à nous dire et l'occasion est trop bonne...

– Laissez-moi passer.

– Non, non, non, vous ne passerez pas.

Varin recula, intimidé par l'attitude résolue du banquier, et il mâchonna :

– Alors, vite, causons, et que ce soit fini !

Une chose m'étonnait, et je ne doutais pas que mes deux compagnons n'éprouvassent la même déception. Comment se pouvait-il que Salvator ne fût pas là ? N'entrait-il pas dans ses projets d'intervenir ? et la seule confrontation du banquier et de Varin lui semblait-elle suffisante ? J'étais singulièrement troublé. Du fait de son absence, ce duel, combiné par lui, voulu par lui, prenait l'allure tragique des événements que suscite et commande l'ordre rigoureux du destin, et la force qui heurtait l'un à l'autre ces deux hommes impressionnait d'autant plus, qu'elle résidait en dehors d'eux.

Après un moment, M. Andermatt s'approcha de Varin, et, bien en face, les yeux dans les yeux :

– Maintenant que des années se sont écoulées, et que vous n'avez plus rien à redouter, répondez-moi franchement, Varin. Qu'avez-vous fait de Louis Lacombe ?

– En voilà une question ! Comme si je pouvais savoir ce qu'il est devenu !

– Vous le savez ! vous le savez ! Votre frère et vous, vous étiez attachés à ses pas, vous viviez presque chez lui, dans la maison même où nous sommes. Vous étiez au courant de tous ses travaux, de tous ses projets. Et le dernier soir, Varin, quand j'ai reconduit Louis Lacombe jusqu'à ma porte, j'ai vu deux silhouettes qui se dérobaient dans l'ombre. Cela, je suis prêt à le jurer.

– Et après, quand vous l'aurez juré ?

– C'était votre frère et vous, Varin.

– Prouvez-le.

– Mais la meilleure preuve, c'est que, deux jours plus tard, vous me montriez vous-même les papiers et les plans que vous aviez recueillis dans la serviette de Lacombe, et que vous me proposiez de me les vendre. Comment ces papiers étaient-ils en votre possession ?

– Je vous l'ai dit, monsieur Andermatt, nous les avons trouvés sur la table même de Louis Lacombe, le lendemain matin, après sa disparition.

– Ce n'est pas vrai.

– Prouvez-le.

– La justice aurait pu le prouver.

– Pourquoi ne vous êtes-vous pas adressé à la justice ?

– Pourquoi ? Ah ! pourquoi...

Il se tut, le visage sombre. Et l'autre reprit :

– Voyez-vous, monsieur Andermatt, si vous aviez eu la moindre certitude, ce n'est pas la petite menace que nous vous avons faite qui eût empêché...

– Quelle menace ? Ces lettres ? Est-ce que vous vous imaginez que j'aie jamais cru un instant ?...

– Si vous n'avez pas cru à ces lettres, pourquoi m'avez-vous offert des mille et des cents pour les ravoir ? Et pourquoi, depuis, nous avez-vous fait traquer comme des bêtes, mon frère et moi ?

– Pour reprendre des plans auxquels je tenais.

– Allons donc ! c'était pour les lettres. Une fois en possession des lettres, vous nous dénonciez. Plus souvent que je m'en serais dessaisi !

Il eut un éclat de rire qu'il interrompit tout d'un coup.

– Mais en voilà assez. Nous aurons beau répéter les mêmes paroles, que nous n'en serons pas plus avancés. Par conséquent, nous en resterons là.

– Nous n'en resterons pas là, dit le banquier, et puisque vous avez parlé des lettres, vous ne sortirez pas d'ici avant de me les avoir rendues.

– Je sortirai.

– Non, non.

– Écoutez, monsieur Andermatt, je vous conseille...

– Vous ne sortirez pas.

– C'est ce que nous verrons, dit Varin avec un tel accent de rage que Mme Andermatt étouffa un faible cri.

Il dut l'entendre, car il voulut passer de force. M. Andermatt le repoussa violemment. Alors je le vis qui glissait sa main dans la poche de son veston.

– Une dernière fois !

– Les lettres d'abord.

Varin tira un revolver et, visant M. Andermatt :

– Oui ou non ?

Le banquier se baissa vivement.

Un coup de feu jaillit. L'arme tomba.

Je fus stupéfait. C'était près de moi que le coup de feu avait jailli ! Et c'était Daspry qui, d'une balle de pistolet, avait fait sauter l'arme de la main d'Alfred Varin !

Et dressé subitement entre les deux adversaires, face à Varin, il ricanait :

– Vous avez de la veine, mon ami, une rude veine. C'est la main que je visais, et c'est le revolver que j'atteins.

Tous deux le contemplaient, immobiles et confondus. Il dit au banquier :

– Vous m'excuserez, monsieur, de me mêler de ce qui ne me regarde pas. Mais vraiment vous jouez votre partie avec trop de maladresse. Permettez-moi de tenir les cartes.

Se tournant vers l'autre :

– À nous deux, camarade. Et rondement, je t'en prie. L'atout est cœur, et je joue le sept.

Et, à trois pouces du nez, il lui colla la plaque de fer où les sept points rouges étaient marqués.

Jamais il ne m'a été donné de voir un tel bouleversement. Livide, les yeux écarquillés, les traits tordus d'angoisse, l'homme semblait hypnotisé par l'image qui s'offrait à lui.

– Qui êtes-vous ? balbutia-t-il.

– Je l'ai déjà dit, un monsieur qui s'occupe de ce qui ne le regarde pas... mais qui s'en occupe à fond.

– Que voulez-vous ?

– Tout ce que tu as apporté.

– Je n'ai rien apporté.

– Si, sans quoi, tu ne serais pas venu. Tu as reçu ce matin un mot te convoquant ici pour neuf heures, et t'enjoignant d'apporter tous les papiers que tu avais. Or te voici. Où sont les papiers ?

Il y avait dans la voix de Daspry, il y avait dans son attitude, une autorité qui me déconcertait, une façon d'agir toute nouvelle chez cet homme plutôt nonchalant d'ordinaire et doux. Absolument dompté, Varin désigna l'une de ses poches.

– Les papiers sont là.

– Ils y sont tous ?

– Oui.

– Tous ceux que tu as trouvés dans la serviette de Louis Lacombe et que tu as vendus au major von Lieben ?

– Oui.

– Est-ce la copie ou l'original ?

– L'original.

– Combien en veux-tu ?

– Cent mille.

Daspry s'esclaffa.

– Tu es fou. Le major ne t'en a donné que vingt mille. Vingt mille jetés à l'eau, puisque les essais ont manqué.

– On n'a pas su se servir des plans.

– Les plans sont incomplets.

– Alors, pourquoi me les demandez-vous ?

– J'en ai besoin. Je t'en offre cinq mille francs. Pas un sou de plus.

– Dix mille. Pas un sou de moins.

– Accordé.

Daspry revint à M. Andermatt.

– Veuillez signer un chèque, monsieur.

– Mais c'est que je n'ai pas...

– Votre carnet ? Le voici.

Ahuri, M. Andermatt palpa le carnet que lui tendait Daspry.

– C'est bien à moi... Comment se fait-il ?

– Pas de vaines paroles, je vous en prie, cher monsieur, vous n'avez qu'à signer.

Le banquier tira son stylographe et signa. Varin avança la main.

– Bas les pattes, fit Daspry, tout n'est pas fini.

Et s'adressant au banquier :

– Il était question aussi de lettres que vous réclamez ?

– Oui, un paquet de lettres.

– Où sont-elles, Varin ?

– Je ne les ai pas.

– Où sont-elles, Varin ?

– Je l'ignore. C'est mon frère qui s'en est chargé.

– Elles sont cachées ici, dans cette pièce.

– En ce cas, vous savez où elles sont.

– Comment le saurais-je ?

– Dame, n'est-ce pas vous qui avez visité la cachette ? Vous paraissez aussi bien renseigné que Salvator.

– Les lettres ne sont pas dans la cachette.

– Elles y sont.

– Ouvre-la.

Varin eut un regard de méfiance. Daspry et Salvator ne faisaient-ils qu'un réellement, comme tout le laissait présumer ? Si oui, il ne risquait rien en montrant une cachette déjà connue. Sinon, c'était inutile...

– Ouvre-la, répéta Daspry.

– Je n'ai pas de sept de cœur.

– Si, celui-là, dit Daspry, en tendant la plaque de fer.

Varin recula, terrifié :

– Non... non... je ne veux pas...

– Qu'à cela ne tienne...

Daspry se dirigea vers le vieux monarque à la barbe fleurie, monta sur une chaise, et appliqua le sept de cœur au bas du glaive, contre la garde, et de façon que les bords de la plaque recouvrissent exactement les deux bords de l'épée. Puis, avec l'aide d'un poinçon qu'il introduisit tour à tour dans chacun des sept trous, pratiqués à l'extrémité des sept points de cœur, il pesa sur sept des petites pierres de la mosaïque. À la septième petite pierre enfoncée, un déclenchement se produisit, et tout le buste du roi pivota, démasquant une large ouverture, aménagée comme un coffre, avec des revêtements de fer et deux rayons d'acier luisant.

– Tu vois bien, Varin, le coffre est vide.

– En effet... Alors c'est que mon frère aura retiré les lettres.

Daspry revint vers l'homme et lui dit :

– Ne joue pas au plus fin avec moi. Il y a une autre cachette. Où est-elle ?

– Il n'y en a pas.

– Est-ce de l'argent que tu veux ? Combien ?

– Dix mille.

– Monsieur Andermatt, ces lettres valent-elles dix mille francs pour vous ?

– Oui, dit le banquier d'une voix forte.

Varin ferma le coffre, prit le sept de cœur non sans une répugnance visible, et l'appliqua sur le glaive, contre la garde, et juste au même endroit. Successivement, il enfonça le poinçon à l'extrémité des sept points de cœur. Il se produisit un second déclenchement, mais cette fois, chose inattendue, ce ne fut qu'une partie du coffre qui pivota, démasquant un petit coffre pratiqué dans l'épaisseur même de la porte qui fermait le plus grand.

Le paquet de lettres était là, noué d'une ficelle et cacheté. Varin le remit à Daspry. Celui-ci demanda :

– Le chèque est prêt, monsieur Andermatt ?

– Oui.

– Et vous avez aussi le dernier document que vous tenez de Louis Lacombe, et qui complète les plans du sous-marin ?

– Oui.

L'échange se fit. Daspry empocha le document et le chèque et offrit le paquet à M. Andermatt.

– Voici ce que vous désiriez, monsieur.

Le banquier hésita un moment, comme s'il avait peur de toucher à ces pages maudites qu'il avait cherchées avec tant d'âpreté. Puis, d'un geste nerveux, il s'en empara.

Auprès de moi, j'entendis un gémissement. Je saisis la main de Mme Andermatt : elle était glacée.

Et Daspry dit au banquier :

– Je crois, monsieur, que notre conversation est terminée. Oh ! pas de remerciements, je vous en supplie. Le hasard seul a voulu que je puisse vous être utile.

M. Andermatt se retira. Il emportait les lettres de sa femme à Louis Lacombe.

– À merveille, s'écria Daspry d'un air enchanté, tout s'arrange pour le mieux. Nous n'avons plus qu'à boucler notre affaire, camarade. Tu as les papiers ?

– Les voilà tous.

Daspry les compulsa, les examina attentivement, et les enfouit dans sa poche.

– Parfait, tu as tenu parole.

– Mais...

– Mais quoi ?

– Les deux chèques ?... l'argent ?...

– Eh bien ! tu as de l'aplomb, mon bonhomme. Comment, tu oses réclamer !

– Je réclame ce qui m'est dû.

– On te doit donc quelque chose pour des papiers que tu as volés ?

Mais l'homme paraissait hors de lui. Il tremblait de colère, les yeux injectés de sang.

– L'argent... les vingt mille.... bégaya-t-il.

– Impossible... j'en ai l'emploi.

– L'argent !...

– Allons, sois raisonnable, et laisse donc ton poignard tranquille.

Il lui saisit le bras si brutalement que l'autre hurla de douleur, et il ajouta :

– Va-t'en, camarade, l'air te fera du bien. Veux-tu que je te reconduise ? Nous nous en irons par le terrain vague, et je te montrerai un tas de cailloux sous lequel...

– Ce n'est pas vrai ! Ce n'est pas vrai !

– Mais oui, c'est vrai. Cette petite plaque de fer aux sept points rouges vient de là-bas. Elle ne quittait jamais Louis Lacombe, tu te rappelles ? Ton frère et toi vous l'avez enterrée avec le cadavre... et avec d'autres choses qui intéresseront énormément la justice.

Varin se couvrit le visage de ses poings rageurs. Puis il prononça :

– Soit. Je suis roulé. N'en parlons plus. Un mot cependant... un seul mot, je voudrais savoir...

– J'écoute.

– Il y avait dans ce coffre, dans le plus grand des deux, une cassette ?

– Oui.

– Quand vous êtes venu ici, la nuit du 22 au 23 juin, elle y était ?

– Oui.

– Elle contenait ?...

– Tout ce que les frères Varin y avaient enfermé, une assez jolie collection de bijoux, diamants et perles, raccrochés de droite et de gauche par lesdits frères.

– Et vous l'avez prise ?

– Dame ! Mets-toi à ma place.

– Alors... c'est en constatant la disparition de la cassette que mon frère s'est tué ?

– Probable. La disparition de votre correspondance avec le major von Lieben n'eût pas suffi. Mais la disparition de la cassette... Est-ce là tout ce que tu avais à me demander ?

– Ceci encore : votre nom ?

– Tu dis cela comme si tu avais des idées de revanche.

– Parbleu ! La chance tourne. Aujourd'hui vous êtes le plus fort. Demain...

– Ce sera toi.

– J’y compte bien. Votre nom ?

– Arsène Lupin.

– Arsène Lupin !

L’homme chancela, assommé comme par un coup de massue. On eût dit que ces deux mots lui enlevaient toute espérance. Daspry se mit à rire.

– Ah çà ! t’imaginais-tu qu’un monsieur Durant ou Dupont aurait pu monter toute cette belle affaire ? Allons donc, il fallait au moins un Arsène Lupin. Et maintenant que tu es renseigné, mon petit, va préparer ta revanche, Arsène Lupin t’attend.

Et il le poussa dehors, sans un mot de plus.

– Daspry, Daspry ! criai-je, lui donnant encore et malgré moi, le nom sous lequel je l’avais connu.

J’écartai le rideau de velours.

Il accourut.

– Quoi ? Qu’y a-t-il ?

– Madame Andermatt est souffrante.

Il s’empressa, lui fit respirer des sels, et, tout en la soignant, m’interrogeait :

– Eh bien ! que s’est-il donc passé ?

– Les lettres, lui dis-je... les lettres de Louis Lacombe que vous avez données à son mari !

Il se frappa le front.

– Elle a cru que j’avais fait cela... Mais oui, après tout, elle pouvait le croire. Imbécile que je suis !

Mme Andermatt, ranimée, l’écoutait avidement. Il sortit de son portefeuille un petit paquet en tous points semblable à celui qu’avait emporté M. Andermatt.

– Voici vos lettres, madame, les vraies.

– Mais... les autres ?

– Les autres sont les mêmes que celles-ci, mais recopiées par moi, cette nuit, et soigneusement arrangées. Votre mari sera d’autant plus heureux de les lire qu’il ne se doutera pas de la substitution, puisque tout a paru sous ses yeux...

– L’écriture...

– Il n’y a pas d’écriture qu’on ne puisse imiter.

Elle le remercia, avec les mêmes paroles de gratitude qu'elle eût adressées à un homme de son monde, et je vis bien qu'elle n'avait pas dû entendre les dernières phrases échangées entre Varin et Arsène Lupin.

Moi, je le regardais non sans embarras, ne sachant trop que dire à cet ancien ami qui se révélait à moi sous un jour si imprévu. Lupin ! c'était Lupin ! mon camarade de cercle n'était autre que Lupin ! Je n'en revenais pas. Mais lui, très à l'aise :

– Vous pouvez faire vos adieux à Jean Daspry.

– Ah !

– Oui, Jean Daspry part en voyage. Je l'envoie au Maroc. Il est fort possible qu'il y trouve une fin digne de lui. J'avoue même que c'est son intention.

– Mais Arsène Lupin nous reste ?

– Oh ! plus que jamais. Arsène Lupin n'est encore qu'au début de sa carrière, et il compte bien...

Un mouvement de curiosité irrésistible me jeta sur lui, et l'entraînant à quelque distance de Mme Andermatt :

– Vous avez donc fini par découvrir la seconde cachette, celle où se trouvait le paquet de lettres ?

– J'ai eu assez de mal ! C'est hier seulement, l'après-midi, pendant que vous étiez couché. Et pourtant, Dieu sait combien c'était facile ! Mais les choses les plus simples sont celles auxquelles on pense en dernier.

Et me montrant le sept de cœur :

– J'avais bien deviné que pour ouvrir le grand coffre, il fallait appuyer cette carte contre le glaive du bonhomme en mosaïque...

– Comment aviez-vous deviné cela ?

– Aisément. Par mes informations particulières, je savais, en venant ici, le 22 juin au soir...

– Après m'avoir quitté...

– Oui, et après vous avoir mis par des conversations choisies dans un état d'esprit tel qu'un nerveux et un impressionnable comme vous devait fatalement me laisser agir à ma guise, sans sortir de son lit.

– Le raisonnement était juste.

– Je savais donc, en venant ici, qu'il y avait une cassette cachée dans un coffre à serrure secrète, et que le sept de cœur était la clef, le mot de cette serrure. Il ne s'agissait plus que de plaquer ce sept de cœur à un endroit qui lui fût visiblement réservé. Une heure d'examen m'a suffi.

– Une heure !

– Observez le bonhomme en mosaïque.

– Le vieil empereur ?

– Ce vieil empereur est la représentation exacte du roi de cœur de tous les jeux de cartes, Charlemagne.

– En effet... Mais pourquoi le sept de cœur ouvre-t-il tantôt le grand coffre, tantôt le petit ? Et pourquoi n'avez-vous ouvert d'abord que le grand coffre ?

– Pourquoi ? mais parce que je m'obstinais toujours à placer mon sept de cœur dans le même sens. Hier seulement je me suis aperçu qu'en le retournant, c'est-à-dire en mettant le septième point, celui du milieu, en l'air au lieu de le mettre en bas, la disposition des sept points changeait.

– Parbleu !

– Évidemment, parbleu, mais encore fallait-il y penser.

– Autre chose : vous ignoriez l'histoire des lettres avant que madame Andermatt...

– En parlât devant moi ? Oui. Je n'avais découvert dans le coffre, outre la cassette, que la correspondance des deux frères, correspondance qui m'a mis sur la voie de leur trahison.

– Somme toute, c'est par hasard que vous avez été amené d'abord à reconstituer l'histoire des deux frères, puis à rechercher les plans et les documents du sous-marin ?

– Par hasard.

– Mais dans quel but avez-vous recherché ?...

Daspry m'interrompit en riant :

– Mon Dieu ! comme cette affaire vous intéresse !

– Elle me passionne.

– Eh bien ! tout à l'heure, quand j'aurai reconduit madame Andermatt et fait porter à l'*Écho de France* le mot que je vais écrire, je reviendrai et nous entrerons dans le détail.

Il s'assit et écrivit une de ces petites notes lapidaires où se divertit la fantaisie du personnage. Qui ne se rappelle le bruit que fit celle-ci dans le monde entier ?

Arsène Lupin a résolu le problème que Salvator a posé

dernièrement. Maître de tous les documents et plans originaux de l'ingénieur Louis Lacombe, il les a fait parvenir entre les mains du ministre de la Marine. À cette occasion il ouvre une souscription dans le but d'offrir à l'État le premier sous-marin construit d'après ces plans. Et il s'inscrit lui-même en tête de cette souscription pour la somme de vingt mille francs.

– Les vingt mille francs des chèques de monsieur Andermatt ? lui dis-je, quand il m'eut donné le papier à lire.

– Précisément. Il est équitable que Varin rachète en partie sa trahison.

Et voilà comment j'ai connu Arsène Lupin. Voilà comment j'ai su que Jean Daspry, camarade de cercle, relation mondaine, n'était autre qu'Arsène Lupin, gentleman-cambrioleur. Voilà comment j'ai noué des liens d'amitié fort agréables avec notre grand homme, et comment peu à peu, grâce à la confiance dont il veut bien m'honorer, je suis devenu son très humble, très fidèle et très reconnaissant historiographe.

7

Le coffre-fort de madame Imbert

À trois heures du matin, il y avait encore une demi-douzaine de voitures devant un des petits hôtels de peintre qui composent l'unique côté du boulevard Berthier. La porte de cet hôtel s'ouvrit. Un groupe d'invités, hommes et dames, sortirent. Quatre voitures filèrent de droite et de gauche et il ne resta sur l'avenue que deux messieurs qui se quittèrent au coin de la rue de Courcelles, où demeurait l'un d'eux. L'autre résolut de rentrer à pied jusqu'à la porte Maillot.

Il traversa donc l'avenue de Villiers et continua son chemin sur le trottoir opposé aux fortifications. Par cette belle nuit d'hiver, pure et froide, il y avait plaisir à marcher. On respirait bien. Le bruit des pas résonnait allégrement.

Mais au bout de quelques minutes, il eut l'impression désagréable qu'on le suivait. De fait, s'étant retourné, il aperçut l'ombre d'un homme qui se glissait entre les arbres. Il n'était point peureux ; cependant il hâta le pas afin d'arriver le plus vite possible à l'octroi des Ternes. Mais l'homme se mit à courir. Assez inquiet, il jugea plus prudent de lui faire face et de tirer son revolver.

Il n'en eut pas le temps, l'homme l'assaillit violemment, et tout de suite une lutte s'engagea sur le boulevard désert, lutte à bras-le-corps où il sentit aussitôt qu'il avait le désavantage. Il appela au secours, se débattit, et fut renversé contre un tas de cailloux, serré à la gorge, bâillonné d'un mouchoir, que son adversaire lui enfonçait dans la bouche. Ses yeux se fermèrent, ses oreilles bourdonnèrent, et il allait perdre connaissance, lorsque soudain l'étreinte se desserra, et l'homme qui l'étouffait de son poids se releva pour se défendre à son tour contre une attaque imprévue.

Un coup de canne sur le poignet, un coup de botte sur la cheville... L'homme poussa deux grognements de douleur et s'enfuit en boitant et en jurant.

Sans daigner le poursuivre, le nouvel arrivant se pencha et dit :

– Êtes-vous blessé, monsieur ?

Il n'était pas blessé, mais fort étourdi et incapable de se tenir debout. Par bonheur, un des employés d'octroi, attiré par les cris, accourut. Une voiture fut requise. Le monsieur y prit place accompagné de son sauveur, et on le conduisit à son hôtel de l'avenue de la Grande-Armée.

Devant la porte, tout à fait remis, il se confondit en remerciements.

– Je vous dois la vie, monsieur, veuillez croire que je ne l'oublierai point. Je ne veux pas effrayer ma femme en ce moment, mais je tiens à ce qu'elle vous exprime elle-même, dès aujourd'hui, toute ma reconnaissance.

Il le pria de venir déjeuner et lui dit son nom : Ludovic Imbert, ajoutant :

– Puis-je savoir à qui j'ai l'honneur...

– Mais certainement, fit l'autre.

Et il se présenta :

– Arsène Lupin.

Arsène Lupin n'avait pas alors cette célébrité que lui ont value l'affaire Cahorn, son évasion de la Santé, et tant d'autres exploits retentissants. Il ne s'appelait même pas Arsène Lupin. Ce nom auquel l'avenir réservait un tel lustre fut spécialement imaginé pour désigner le sauveur de M. Imbert, et l'on peut dire que c'est dans cette affaire qu'il reçut le baptême du feu. Prêt au combat, il est vrai, armé de toutes pièces, mais sans ressources, sans l'autorité que donne le succès, Arsène Lupin n'était qu'apprenti dans une profession où il devait bientôt passer maître.

Aussi quel frisson de joie à son réveil quand il se rappela l'invitation de la nuit ! Enfin il touchait au but ! Enfin il entreprenait une œuvre digne de ses forces et de son talent ! Les millions des Imbert, quelle proie magnifique pour un appétit comme le sien.

Il fit une toilette spéciale, redingote râpée, pantalon élimé, chapeau de soie un peu rougeâtre, manchettes et faux col effiloqués, le tout fort propre, mais sentant la misère. Comme cravate, un ruban noir épinglé d'un diamant de noix à surprise. Et, ainsi accoutré, il descendit l'escalier du logement qu'il occupait à Montmartre. Au troisième étage, sans s'arrêter, il frappa du pommeau de sa canne sur la battant d'une porte close. Dehors, il gagna les boulevards extérieurs. Un tramway passait. Il y prit place, et quelqu'un qui marchait derrière lui, le locataire du troisième étage, s'assit à son côté.

Au bout d'un instant, cet homme lui dit :

– Eh bien, patron ?

– Eh bien ! c'est fait.

– Comment ?

– J'y déjeune.

– Vous y déjeunez !

– Tu ne voudrais pas, j'espère, que j'eusse exposé gratuitement des jours aussi précieux que les miens ? J'ai arraché M. Ludovic Imbert à la mort certaine que tu lui réservais. M. Ludovic Imbert est une nature reconnaissante. Il m'invite à déjeuner.

Un silence, et l'autre hasarda :

– Alors, vous n'y renoncez pas ?

– Mon petit, fit Arsène, si j'ai machiné la petite agression de cette nuit, si je me suis donné la peine, à trois heures du matin, le long des fortifications, de t'allonger un coup de canne sur le poignet et un coup de pied sur le tibia, risquant ainsi d'endommager mon unique ami, ce n'est pas pour renoncer maintenant au bénéfice d'un sauvetage si bien organisé.

– Mais les mauvais bruits qui courent sur la fortune...

– Laisse-les courir. Il y a six mois que je poursuis l'affaire, six mois que je me renseigne, que j'étudie, que je tends mes filets, que j'interroge les domestiques, les prêteurs et les hommes de paille, six mois que je vis dans l'ombre du mari et de la femme. Par conséquent, je sais à quoi m'en tenir. Que la fortune provienne du vieux Brawford, comme ils le prétendent, ou d'une autre source, j'affirme qu'elle existe. Et puisqu'elle existe, elle est à moi.

– Bigre, cent millions !

– Mettons-en dix, ou même cinq, n'importe ! il y a de gros paquets de titres dans le coffre-fort. C'est bien le diable, si, un jour ou l'autre, je ne mets pas la main sur la clef.

Le tramway s'arrêta place de l'Étoile. L'homme murmura :

– Ainsi, pour le moment ?

– Pour le moment, rien à faire. Je t'avertirai. Nous avons le temps.

Cinq minutes après, Arsène Lupin montait le somptueux escalier de l'hôtel Imbert, et Ludovic le présentait à sa femme. Gervaise était une bonne petite dame, toute ronde, très bavarde. Elle fit à Lupin le meilleur accueil.

– J'ai voulu que nous soyons seuls à fêter notre sauveur, dit-elle.

Et dès l'abord on traita « notre sauveur » comme un ami d'ancienne date. Au dessert l'intimité était complète, et les confidences allèrent bon train. Arsène raconta sa vie, la vie de son père, intègre magistrat, les tristesses de son enfance, les difficultés du présent. Gervaise, à son tour, dit sa jeunesse, son mariage, les bontés du vieux Brawford, les cent millions dont elle avait hérité, les obstacles qui retardaient l'entrée en jouissance, les emprunts qu'elle avait dû contracter à des taux exorbitants, ses interminables démêlés avec les neveux de Brawford, et les oppositions ! et les séquestres ! tout enfin !

– Pensez donc, monsieur Lupin, les titres sont là, à côté dans le bureau de mon mari, et si nous en détachons un seul coupon, nous perdons tout ! ils sont là, dans notre coffre-fort, et nous ne pouvons pas y toucher.

Un léger frémissement secoua M. Lupin à l'idée de ce voisinage. Et il eut la sensation très nette que M. Lupin n'aurait jamais assez d'élévation d'âme pour éprouver les mêmes scrupules que la bonne dame.

– Ah ! ils sont là, murmura-t-il, la gorge sèche.

– Ils sont là.

Des relations commencées sous de tels auspices ne pouvaient que former des nœuds plus étroits. Délicatement interrogé, Arsène Lupin avoua sa misère, sa détresse. Sur-le-champ, le malheureux garçon fut nommé secrétaire particulier des deux époux, aux appointements de cent cinquante francs par mois. Il continuerait à habiter chez lui, mais il viendrait chaque jour prendre les ordres de travail et, pour plus de commodité, on mettait à sa disposition, comme cabinet de travail, une des chambres du deuxième étage.

Il choisit. Par quel excellent hasard se trouva-t-elle au-dessus du bureau de Ludovic ?

Arsène ne tarda pas à s'apercevoir que son poste de secrétaire ressemblait furieusement à une sinécure. En deux mois, il n'eut que quatre lettres insignifiantes à recopier, et ne fut appelé qu'une fois dans le bureau de son patron, ce qui ne lui permit qu'une fois de contempler officiellement le coffre-fort. En outre, il nota que le titulaire de cette sinécure ne devait pas être jugé digne de figurer auprès du député Anquety, ou du bâtonnier Grouvel, car on omit de le convier aux fameuses réceptions mondaines.

Il ne s'en plaignit point, préférant de beaucoup garder sa modeste petite place à l'ombre, et se tint à l'écart, heureux et libre. D'ailleurs il ne perdait pas son temps. Il rendit tout d'abord un certain nombre de visites clandestines au bureau de Ludovic, et présenta ses devoirs au coffre-fort, lequel n'en resta pas moins hermétiquement fermé. C'était un énorme bloc de fonte et d'acier, à l'aspect rébarbatif, et contre quoi ne pouvaient prévaloir ni les limes, ni les vrilles, ni les pinces monseigneur.

Arsène Lupin n'était pas entêté.

« Où la force échoue, la ruse réussit, se dit-il. L'essentiel est d'avoir un œil et une oreille dans la place. »

Il prit donc les mesures nécessaires, et après de minutieux et pénibles sondages à travers le parquet de sa chambre, il introduisit le tuyau de plomb qui aboutissait au plafond du bureau entre deux moulures de la corniche. Par ce tuyau, tube acoustique et lunette d'approche, il espérait voir et entendre.

Dès lors il vécut à plat ventre sur son parquet. Et de fait il vit souvent les Imbert en conférence devant le coffre, compulsant des registres et maniant des dossiers. Quand ils tournaient successivement les quatre boutons qui commandaient la serrure, il tâchait, pour savoir le chiffre, de saisir le nombre de crans qui passaient. Il surveillait leurs gestes, il épiait leurs paroles. Que faisaient-ils de la clef ? La cachaient-ils ?

Un jour, il descendit en hâte, les ayant vus qui sortaient de la pièce sans refermer le coffre. Et il entra résolument. Ils étaient revenus.

– Oh ! excusez-moi, dit-il, je me suis trompé de porte.

Mais Gervaise se précipita, et l'attirant :

– Entrez donc, monsieur Lupin, entrez donc, n'êtes-vous pas chez vous ici ? Vous allez nous donner un conseil. Quels titres devons-nous vendre ? de l'Extérieure ou de la Rente ?

– Mais l'opposition ? objecta Lupin, très étonné.

– Oh ! elle ne frappe pas tous les titres.

Elle écarta le battant. Sur les rayons s'entassaient des portefeuilles ceinturés de sangles. Elle en saisit un. Mais son mari protesta.

– Non, non, Gervaise, ce serait de la folie de vendre de

l'Extérieure. Elle va monter... Tandis que la Rente est au plus haut. Qu'en pensez-vous, mon cher ami ?

Le cher ami n'avait aucune opinion, cependant il conseilla le sacrifice de la Rente. Alors elle prit une autre liasse, et, dans cette liasse, au hasard, un papier. C'était un titre de 3% de 1 374 francs. Ludovic le mit dans sa poche. L'après-midi, accompagné de son secrétaire, il fit vendre ce titre par un agent de change et toucha 46 000 francs.

Quoi qu'en eût dit Gervaise, Arsène Lupin ne se sentait pas chez lui. Bien au contraire, sa situation dans l'hôtel Imbert le remplissait de surprise. À diverses occasions, il put constater que les domestiques ignoraient son nom. Ils l'appelaient monsieur. Ludovic le désignait toujours ainsi : « Vous préviendrez monsieur... Est-ce que monsieur est arrivé ? » Pourquoi cette appellation énigmatique ?

D'ailleurs, après l'enthousiasme du début, les Imbert lui parlaient à peine, et tout en le traitant avec les égards dus à un bienfaiteur, ne s'occupaient jamais de lui ! On avait l'air de le considérer comme un original qui n'aime pas qu'on l'importune, et on respectait son isolement, comme si cet isolement était une règle édictée par lui, un caprice de sa part. Une fois qu'il passait dans le vestibule, il entendit Gervaise qui disait à deux messieurs :

– C'est un tel sauvage !

Soit, pensa-t-il, nous sommes un sauvage. Et renonçant à s'expliquer les bizarreries de ces gens, il poursuivait l'exécution de son plan. Il avait acquis la certitude qu'il ne fallait point compter sur le hasard ni sur une étourderie de Gervaise que la clef du coffre ne quittait pas, et qui, au surplus, n'eût jamais emporté cette clef sans avoir préalablement brouillé les lettres de la serrure. Ainsi donc il devait agir.

Un événement précipita les choses, la violente campagne menée contre les Imbert par certains journaux. On les accusait d'escroquerie. Arsène Lupin assista aux péripéties du drame, aux agitations du ménage, et il comprit qu'en tardant davantage, il allait tout perdre.

Cinq jours de suite, au lieu de partir vers six heures comme il en avait l'habitude, il s'enferma dans sa chambre. On le supposait sorti. Lui, s'étendait sur le parquet et surveillait le bureau de Ludovic.

Les cinq soirs, la circonstance favorable qu'il attendait ne s'étant pas produite, il s'en alla au milieu de la nuit, par la petite porte qui desservait la cour. Il en possédait la clef.

Mais le sixième jour, il apprit que les Imbert, en réponse aux insinuations malveillantes de leurs ennemis, avaient proposé qu'on ouvrît le coffre et qu'on en fît l'inventaire.

« C'est pour ce soir, pensa Lupin. »

Et en effet, après le dîner, Ludovic s'installa dans son bureau. Gervaise le rejoignit. Ils se mirent à feuilleter les registres du coffre.

Une heure s'écoula, puis une autre heure. Il entendit les domestiques qui se couchaient. Maintenant il n'y avait plus personne au premier étage. Minuit. Les Imbert continuaient leur besogne.

– Allons-y, murmura Lupin.

Il ouvrit sa fenêtre. Elle donnait sur la cour, et l'espace, par la nuit, sans lune et sans étoile, était obscur. Il tira de son armoire une corde à nœuds qu'il assujettit à la rampe du balcon, enjamba et se laissa glisser doucement, en s'aidant d'une gouttière, jusqu'à la fenêtre située au-dessous de la sienne. C'était celle du bureau, et le voile épais des rideaux molletonnés masquait la pièce. Debout sur le balcon, il resta un moment immobile, l'oreille tendue et l'œil aux aguets.

Tranquillisé par le silence, il poussa légèrement les deux croisées. Si personne n'avait eu soin de les vérifier, elles devaient céder à l'effort, car lui, au cours de l'après-midi, en avait tourné l'espagnolette de façon qu'elle n'entrât plus dans les gâches.

Les croisées cédèrent. Alors, avec des précautions infinies, il les entrebâilla davantage. Dès qu'il put glisser la tête, il s'arrêta. Un peu de lumière filtrait entre les deux rideaux mal joints ; il aperçut Gervaise et Ludovic assis à côté du coffre.

Ils n'échangeaient que de rares paroles et à voix basse, absorbés par leur travail. Arsène calcula la distance qui le séparait d'eux, établit les mouvements exacts qu'il lui faudrait faire pour les réduire l'un après l'autre à l'impuissance, avant qu'ils n'eussent le temps d'appeler au secours, et il allait se précipiter, lorsque Gervaise dit :

– Comme la pièce s'est refroidie depuis un instant ! Je vais me mettre au lit. Et toi ?

– Je voudrais finir.

– Finir ! Mais tu en as pour la nuit.

– Mais non, une heure au plus.

Elle se retira. Vingt minutes, trente minutes passèrent. Arsène poussa la fenêtre un peu plus. Les rideaux frémirent. Il poussa encore. Ludovic se retourna, et, voyant les rideaux gonflés par le vent, se leva pour fermer la fenêtre...

Il n'y eut pas un cri, par même une apparence de lutte. En quelques gestes précis, et sans lui faire le moindre mal, Arsène l'étourdit, lui enveloppa la tête avec le rideau, le ficela, de telle manière que Ludovic ne distingua même pas le visage de son agresseur.

Puis, rapidement, il se dirigea vers le coffre, saisit deux portefeuilles qu'il mit sous son bras, sortit du bureau, descendit l'escalier, traversa la cour, et ouvrit la porte de service. Une voiture stationnait dans la rue.

– Prends cela d'abord, dit-il au cocher et suis-moi.

Il retourna jusqu'au bureau. En deux voyages ils vidèrent le coffre. Puis Arsène monta dans sa chambre, enleva la corde, effaça toute trace de son passage. C'était fini.

Quelques heures après, Arsène Lupin, aidé de son compagnon, opéra le dépouillement des portefeuilles. Il n'éprouva aucune déception, l'ayant prévu, à constater que la fortune des Imbert n'avait pas l'importance qu'on lui attribuait. Les millions ne se comptaient pas par centaines, ni même par dizaines. Mais enfin le total formait encore un chiffre très respectable, et c'étaient d'excellentes valeurs, obligations de chemins de fer, Villes de Paris, fonds d'État, Suez, mines du Nord, etc.

Il se déclarait satisfait.

– Certes, dit-il, il y aura un rude déchet quand le temps sera venu de négocier. On se heurtera à des oppositions, et il faudra plus d'une fois liquider à vil prix. N'importe, avec cette première mise de fonds, je me charge de vivre comme je l'entends... et de réaliser quelques rêves qui me tiennent au cœur.

– Et le reste ?

– Tu peux le brûler, mon petit. Ces tas de papiers faisaient bonne figure dans le coffre-fort. Pour nous, c'est inutile. Quant aux titres, nous allons les enfermer bien tranquillement dans le placard, et nous attendrons le moment propice.

Le lendemain, Arsène pensa qu'aucune raison ne l'empêchait de retourner à l'hôtel Imbert. Mais la lecture des journaux lui révéla cette nouvelle imprévue : Ludovic et Gervaise avaient disparu.

L'ouverture du coffre eut lieu en grande solennité. Les magistrats y trouvèrent ce qu'Arsène Lupin avait laissé... peu de chose.

Tels sont les faits, et telle est l'explication que donne à certains d'entre eux l'intervention d'Arsène Lupin. J'en tiens le récit de lui-même, un jour qu'il était en veine de confidence.

Ce jour-là, il se promenait de long en large, dans mon cabinet de travail, et ses yeux avaient une petite fièvre que je ne leur connaissais pas.

– Somme toute, lui dis-je, c'est votre plus beau coup ?

Sans me répondre directement, il reprit :

– Il y a dans cette affaire des secrets impénétrables. Ainsi, même après l'explication que je vous ai donnée, que d'obscurités encore ! Pourquoi cette fuite ? Pourquoi n'ont-ils pas profité du secours que je leur apportais involontairement ? Il était si simple de dire : « Les cent millions se trouvaient dans le coffre, ils n'y sont plus parce qu'on les a volés ! »

– Ils ont perdu la tête.

– Oui, voilà, ils ont perdu la tête... D'autre part, il est vrai...

– Il est vrai ?...

– Non, rien.

Que signifiait cette réticence ? Il n'avait pas tout dit, c'était visible, et ce qu'il n'avait pas dit, il répugnait à le dire. J'étais intrigué. Il fallait que la chose fût grave pour provoquer de l'hésitation chez un tel homme.

Je lui posai des questions au hasard.

– Vous ne les avez pas revus ?

– Non.

– Et il ne vous est pas advenu d'éprouver, à l'égard de ces deux malheureux, quelque pitié ?

– Moi ! proféra-t-il en sursautant.

Sa révolte m'étonna. Avais-je touché juste ? J'insistai :

– Évidemment. Sans vous, ils auraient peut-être pu faire face au danger... ou du moins partir les poches remplies.

– Des remords, c'est bien cela que vous m'attribuez, n'est-ce pas ?

– Dame !

Il frappa violemment sur ma table.

– Ainsi, selon vous, je devrais avoir des remords ?

– Appelez cela des remords ou des regrets, bref un sentiment quelconque...

– Un sentiment quelconque pour des gens...

– Pour des gens à qui vous avez dérobé une fortune.

– Quelle fortune ?

– Enfin... ces deux ou trois liasses de titres...

– Ces deux ou trois liasses de titres ! Je leur ai dérobé des paquets de titres, n'est-ce pas ? une partie de leur héritage ? voilà ma faute ? voilà mon crime ?

– Mais, sacrebleu, mon cher, vous n'avez donc pas deviné qu'ils étaient faux, ces titres ?... vous entendez ?

« ILS ÉTAIENT FAUX ! »

Je le regardai, abasourdi.

– Faux, les quatre ou cinq millions ?

– Faux, s'écria-t-il rageusement, archi-faux ! Faux, les obligations, les Villes de Paris, les fonds d'État, du papier, rien que du papier ! Pas un sou, je n'ai pas tiré un sou de tout le bloc ! Et vous me demandez d'avoir des remords ? Mais c'est eux qui devraient en avoir ! Ils m'ont roulé comme un vulgaire gogo ! Ils m'ont plumé comme la dernière de leurs dupes, et la plus stupide !

Une réelle colère l'agitait, faite de rancune et d'amour-propre blessé.

– Mais, d'un bout à l'autre, j'ai eu le dessous dès la première heure ! Savez-vous le rôle que j'ai joué dans cette affaire, ou plutôt le rôle qu'ils m'ont fait jouer ? Celui d'André Brawford ! Oui, mon cher, et je n'y ai vu que du feu !

« C'est après, par les journaux, et en rapprochant certains détails, que je m'en suis aperçu. Tandis que je posais au bienfaiteur, au monsieur qui a risqué sa vie pour vous tirer de la griffe des apaches, eux, ils me faisaient passer pour un des Brawford !

« N'est-ce pas admirable ? Cet original qui avait sa chambre au deuxième étage, ce sauvage que l'on montrait de loin, c'était Brawford, et Brawford, c'était moi ! Et grâce à moi, grâce à la confiance que j'inspirais sous le nom de Brawford, les banquiers prêtaient, et les notaires engageaient leurs clients à prêter ! Hein, quelle école pour un débutant ! Ah ! je vous jure que la leçon m'a servi !

Il s'arrêta brusquement, me saisit le bras, et il me dit d'un ton exaspéré où il était facile, cependant, de sentir des nuances d'ironie et d'admiration, il me dit cette phrase ineffable :

– Mon cher, à l'heure actuelle, Gervaise Imbert me doit quinze cents francs !

Pour le coup, je ne pus m'empêcher de rire. C'était vraiment d'une bouffonnerie supérieure. Et lui-même eut un accès de franche gaieté.

– Oui, mon cher, quinze cents francs ! Non seulement je n'ai pas palpé le premier sou de mes appointements, mais encore elle m'a emprunté quinze cents francs ! Toutes mes économies de jeune homme ! Et savez-vous pourquoi ? Je vous le donne en mille... Pour ses pauvres ! Comme je vous le dis ! pour de prétendus malheureux qu'elle soulageait à l'insu de Ludovic !

« Et j'ai coupé là-dedans ! Est-ce assez drôle, hein ? Arsène Lupin refait de quinze cents francs, et refait par la bonne dame à laquelle il volait quatre millions de titres faux ! Et que de combinaisons, d'efforts et de ruses géniales il m'a fallu pour arriver à ce beau résultat !

« C'est la seule fois que j'ai été roulé dans ma vie. Mais fichtre ! je l'ai bien été cette fois-là, et proprement, dans les grands prix !...

8

La perle noire

Un violent coup de sonnette réveilla la concierge du numéro 9 de l'avenue Hoche. Elle tira le cordon en grognant :

– Je croyais tout le monde rentré. Il est au moins trois heures !

Son mari bougonna :

– C'est peut-être pour le docteur.

En effet, une voix demanda :

– Le docteur Harel... quel étage ?

– Troisième à gauche. Mais le docteur ne se dérange pas la nuit.

– Il faudra bien qu'il se dérange.

Le monsieur pénétra dans le vestibule, monta un étage, deux étages, et, sans même s'arrêter sur le palier du docteur Harel, continua jusqu'au cinquième. Là, il essaya deux clefs. L'une fit fonctionner la serrure, l'autre le verrou de sûreté.

– À merveille, murmura-t-il, la besogne est considérablement simplifiée. Mais avant d'agir, il faut assurer notre retraite. Voyons... ai-je eu logiquement le temps de sonner chez le docteur, et d'être congédié par lui ? Pas encore... un peu de patience...

Au bout d'une dizaine de minutes, il descendit et heurta le carreau de la loge en maugréant contre le docteur. On lui ouvrit, et il claqua la porte derrière lui. Or, cette porte ne se ferma point, l'homme ayant vivement appliqué un morceau de fer sur la gâche afin que le pêne ne pût s'y introduire.

Il entra donc, sans bruit, à l'insu des concierges. En cas d'alarme, sa retraite était assurée.

Paisiblement, il remonta les cinq étages. Dans l'antichambre, à la lueur d'une lanterne électrique, il déposa son pardessus et son chapeau sur une des chaises, s'assit sur une autre, et enveloppa ses bottines d'épais chaussons de feutre.

– Ouf ! ça y est... Et combien facilement ! Je me demande un peu pourquoi tout le monde ne choisit pas le confortable métier de cambrioleur ? Avec un peu d'adresse et de réflexion, il n'en est pas de plus charmant. Un métier de tout repos... un métier de père de famille... Trop commode même... cela devient fastidieux.

Il déplia un plan détaillé de l'appartement.

– Commençons par nous orienter. Ici, j'aperçois le rectangle du vestibule où je suis. Du côté de la rue, le salon, le boudoir et la salle à manger. Inutile de perdre son temps par là, il paraît que la comtesse a un goût déplorable... pas un bibelot de valeur !... Donc, droit au but... Ah ! voici le tracé d'un couloir, du couloir qui mène aux chambres. À trois mètres, je dois rencontrer la porte du placard aux robes qui communique avec la chambre de la comtesse.

Il replia son plan, éteignit sa lanterne, et s'engagea dans le couloir en comptant :

– Un mètre... deux mètres... trois mètres... Voici la porte... Comme tout s'arrange, mon Dieu ! Un simple verrou, un petit verrou, me sépare de la chambre, et, qui plus est, je sais que ce verrou se trouve à un mètre quarante-trois du plancher... De sorte que, grâce à une légère incision que je vais pratiquer autour, nous en serons débarrassés...

Il sortit de sa poche les instruments nécessaires, mais une idée l'arrêta.

– Et si, par hasard, ce verrou n'était pas poussé. Essayons toujours... Pour ce qu'il en coûte !

Il tourna le bouton de la serrure. La porte s'ouvrit.

– Mon brave Lupin, décidément la chance te favorise. Que te faut-il maintenant ? Tu connais la topographie des lieux où tu vas opérer ; tu connais l'endroit où la comtesse cache la perle noire... Par conséquent, pour que la perle noire t'appartienne, il s'agit tout bêtement d'être plus silencieux que le silence, plus invisible que la nuit.

Arsène Lupin employa bien une demi-heure pour ouvrir la seconde porte, une porte vitrée qui donnait sur la chambre. Mais il le fit avec tant de précaution, qu'alors même que la comtesse n'eût pas dormi, aucun grincement équivoque n'aurait pu l'inquiéter.

D'après les indications de son plan, il n'avait qu'à suivre le contour d'une chaise longue. Cela le conduisait à un fauteuil, puis à une petite table située près du lit. Sur la table, il y avait une boîte de papier à lettres, et, enfermée tout simplement dans cette boîte, la perle noire.

Il s'allongea sur le tapis et suivit les contours de la chaise longue. Mais à l'extrémité il s'arrêta pour réprimer les battements de son cœur. Bien qu'aucune crainte ne l'agitât, il lui était impossible de vaincre cette sorte d'angoisse nerveuse que l'on éprouve dans le trop grand silence. Et il s'en étonnait, car, enfin, il avait vécu sans émotion des minutes plus solennelles. Nul danger ne le menaçait. Alors pourquoi son cœur battait-il comme une cloche affolée ? Était-ce cette femme endormie qui l'impressionnait, cette vie si voisine de la sienne ?

Il écouta et crut discerner le rythme d'une respiration. Il fut rassuré comme par une présence amie.

Il chercha le fauteuil, puis, par petits gestes insensibles, rampa vers la table, tâtant l'ombre de son bras étendu. Sa main droite rencontra un des pieds de la table.

Enfin ! il n'avait plus qu'à se lever, à prendre la perle et à s'en aller. Heureusement ! car son cœur recommençait à sauter dans sa poitrine comme une bête terrifiée, et avec un tel bruit qu'il lui semblait impossible que la comtesse ne s'éveillât point.

Il l'apaisa dans un élan de volonté prodigieux, mais, au moment où il essayait de se relever, sa main gauche heurta sur le tapis un objet qu'il reconnut tout de suite pour un flambeau, un flambeau renversé ; et aussitôt, un autre objet se présenta, une pendule, une de ces petites pendules de voyage qui sont recouvertes d'une gaine de cuir.

Quoi ? Que se passait-il ? Il ne comprenait pas. Ce flambeau... cette pendule... pourquoi ces objets n'étaient-ils pas à leur place habituelle ? Ah ! que se passait-il dans l'ombre effarante ?

Et soudain, un cri lui échappa. Il avait touché... oh ! à quelle chose étrange, innommable ! Mais non, non, la peur lui troublait le cerveau. Vingt secondes, trente secondes, il demeura immobile, épouvanté, de la sueur aux tempes. Et ses doigts gardaient la sensation de ce contact.

Par un effort implacable, il tendit le bras de nouveau. Sa main, de nouveau, effleura la chose, la chose étrange, innommable. Il la palpa. Il exigea que sa main la palpât et se rendit compte. C'était une chevelure, un visage... et ce visage était froid, presque glacé.

Si terrifiante que soit la réalité, un homme comme Arsène Lupin la domine dès qu'il en a pris connaissance. Rapidement, il fit jouer le ressort de sa lanterne. Une femme gisait devant lui, couverte de sang. D'affreuses blessures dévastaient son cou et ses épaules. Il se pencha et l'examina. Elle était morte.

– Morte, morte, répéta-t-il avec stupeur.

Et il regardait ces yeux fixes, le rictus de cette bouche, cette chair livide, et ce sang, tout ce sang qui avait coulé sur le tapis et se figeait maintenant, épais et noir.

S'étant relevé, il tourna le bouton de l'électricité, la pièce s'emplit de lumière, et il put voir tous les signes d'une lutte acharnée. Le lit était entièrement défait, les couvertures et les draps arrachés. Par terre, le flambeau, puis la pendule – les aiguilles marquaient onze heures vingt – puis, plus loin, une chaise renversée, et partout du sang, des flaques de sang.

– Et la perle noire ? murmura-t-il.

La boîte de papier à lettres était à sa place. Il l'ouvrit vivement. Elle contenait l'écrin. Mais l'écrin était vide.

– Fichtre ! se dit-il, tu t'es vanté un peu tôt de ta chance, mon ami Arsène Lupin... La comtesse assassinée, la perle noire disparue... la situation n'est pas brillante ! Filons, sans quoi tu risques fort d'encourir de lourdes responsabilités.

Il ne bougea pas cependant.

– Filer ? Oui, un autre filerait. Mais Arsène Lupin ? N'y a-t-il pas mieux à faire ? Voyons, procédons par ordre. Après tout, ta conscience est tranquille... Suppose que tu es commissaire de police et que tu dois procéder à une enquête... Oui, mais pour cela il faudrait avoir un cerveau plus clair. Et le mien est dans un état !

Il tomba sur un fauteuil, ses poings crispés contre son front brûlant.

L'affaire de l'avenue Hoche est une de celles qui nous ont le plus vivement intrigués en ces derniers temps, et je ne l'eusse certes pas racontée si la participation d'Arsène Lupin ne l'éclairait d'un jour tout spécial. Cette participation, il en est peu qui la soupçonnent. Nul ne sait en tout cas l'exacte et curieuse vérité.

Qui ne connaissait, pour l'avoir rencontré au Bois, Léontine Zalti, l'ancienne cantatrice, épouse et veuve du comte d'Andillot, la Zalti dont le luxe éblouissait Paris, il y a quelque vingt ans, comtesse d'Andillot, à qui ses parures de diamants et de perles valaient une réputation européenne ? On disait d'elle qu'elle portait sur ses épaules le coffre-fort de plusieurs maisons de banque et les mines d'or de plusieurs compagnies australiennes. Les grands joailliers travaillaient pour la Zalti comme on travaillait jadis pour les rois et pour les reines.

Et qui ne se souvient de la catastrophe où toutes ces richesses furent englouties ? Maisons de banque et mines d'or, le gouffre dévora tout. De la collection merveilleuse, dispersée par le commissaire priseur, il ne resta que la fameuse perle noire. La perle noire ! c'est-à-dire une fortune, si elle avait voulu s'en défaire.

Elle ne le voulut point. Elle préféra se restreindre, vivre dans un simple appartement, avec sa dame de compagnie, sa cuisinière et un domestique, plutôt que de vendre cet inestimable joyau. Il y avait à cela une raison qu'elle ne craignait pas d'avouer : la perle noire était le cadeau d'un empereur ! Et presque ruinée, réduite à l'existence la plus médiocre, elle demeura fidèle à sa compagne des beaux jours.

– Moi vivante, disait-elle, je ne la quitterai pas.

Du matin jusqu'au soir, elle la portait à son cou. La nuit, elle la mettait dans un endroit connu d'elle seule.

Tous ces faits rappelés par les feuilles publiques stimulèrent la curiosité, et, chose bizarre, mais facile à comprendre pour ceux qui ont le mot de l'énigme, ce fut précisément l'arrestation de l'assassin présumé qui compliqua le mystère et prolongea l'émotion. Le surlendemain, en effet, les journaux publiaient la nouvelle suivante :

On nous annonce l'arrestation de Victor Danègre, le domestique de la comtesse d'Andillot. Les charges relevées contre lui sont écrasantes. Sur la manche en lustrine de son gilet de livrée, que M. Dudouis, le chef de la Sûreté, a trouvé dans sa mansarde, entre le sommier et le matelas, on a constaté des taches de sang. En outre, il manquait à ce gilet un bouton recouvert d'étoffe. Or ce bouton, dès le début des perquisitions, avait été ramassé sous le lit même de la victime.

Il est probable qu'après le dîner, Danègre, au lieu de regagner sa mansarde, se sera glissé dans le cabinet aux robes, et que, par la porte vitrée, il a vu la comtesse cacher la perle noire.

Nous devons dire que, jusqu'ici, aucune preuve n'est venue confirmer cette supposition. En tout cas, un autre point reste obscur. À sept heures du matin, Danègre s'est rendu au bureau de tabac du boulevard de Courcelles : la concierge d'abord, puis la buraliste ont témoigné dans ce sens. D'autre part, la cuisinière de la comtesse et sa dame de compagnie, qui toutes deux couchent au bout du couloir, affirment qu'à huit heures, quand elles se sont levées, la porte de l'antichambre et la porte de la cuisine étaient fermées à double tour. Depuis vingt ans au service de la comtesse, ces deux personnes sont au-dessus de tout soupçon. On se demande donc comment Danègre a pu sortir de l'appartement. S'était-il fait faire une autre clef ? L'instruction éclaircira ces différents points.

L'instruction n'éclaircit absolument rien, au contraire. On apprit que Victor Danègre était un récidiviste dangereux, un alcoolique et un débauché, qu'un coup de couteau n'effrayait pas. Mais l'affaire elle-même semblait, au fur et à mesure qu'on l'étudiait, s'envelopper de ténèbres plus épaisses et de contradictions plus inexplicables.

D'abord une demoiselle de Sinclèves, cousine et unique héritière de la victime, déclara que la comtesse, un mois avant sa mort, lui avait confié dans une de ses lettres la façon dont elle cachait la perle noire. Le lendemain du jour où elle recevait cette lettre, elle en constatait la disparition. Qui l'avait volée ?

De leur côté, les concierges racontèrent qu'ils avaient ouvert la porte à un individu, lequel était monté chez le docteur Harel. On manda le docteur. Personne n'avait sonné chez lui. Alors qui était cet individu ? Un complice ?

Cette hypothèse d'un complice fut adoptée par la presse et par le public. Ganimard, le vieil inspecteur principal, Ganimard la défendait, non sans raison.

– Il y a du Lupin là-dessous, disait-il au juge.

– Bah ! ripostait celui-ci, vous le voyez partout, votre Lupin.

– Je le vois partout, parce qu'il est partout.

– Dites plutôt que vous le voyez chaque fois où quelque chose ne vous paraît pas très clair. D'ailleurs, en l'espèce, remarquez ceci : le crime a été commis à onze heures vingt du soir, ainsi que l'atteste la pendule, et la visite nocturne, dénoncée par les concierges, n'a eu lieu qu'à trois heures du matin.

La justice obéit souvent à ces entraînements de conviction qui font qu'on oblige les événements à se plier à l'explication première qu'on en a donnée. Les antécédents déplorables de Victor Danègre, récidiviste, ivrogne et débauché, influencèrent le juge, et bien qu'aucune circonstance nouvelle ne vînt corroborer les deux ou trois indices primitivement découverts, rien ne put l'ébranler. Il boucla son instruction. Quelques semaines après les débats commencèrent.

Ils furent embarrassés et languissants. Le président les dirigea sans ardeur. Le ministère public attaqua mollement. Dans ces conditions, l'avocat de Danègre avait beau jeu. Il montra les lacunes et les impossibilités de l'accusation. Nulle preuve matérielle n'existait. Qui avait forgé la clef, l'indispensable clef sans laquelle Danègre, après son départ, n'aurait pu refermer à double tour la porte de l'appartement ? Qui l'avait vue, cette clef, et qu'était-elle devenue ? Qui avait vu le couteau de l'assassin, et qu'était-il devenu ?

– Et, en tout cas, concluait l'avocat, prouvez que c'est mon client qui a tué. Prouvez que l'auteur du vol et du crime n'est pas ce mystérieux personnage qui s'est introduit dans la maison à trois heures du matin. La pendule marquait onze heures, me direz-vous ? Et après ? ne peut-on mettre les aiguilles d'une pendule à l'heure qui vous convient ?

Victor Danègre fut acquitté.

Il sortit de prison un vendredi au déclin du jour, amaigri, déprimé par six mois de cellule. L'instruction, la solitude, les débats, les délibérations du jury, tout cela l'avait empli d'une épouvante maladive. La nuit, d'affreux cauchemars, des visions d'échafaud le hantaient. Il tremblait de fièvre et de terreur.

Sous le nom d'Anatole Dufour, il loua une petite chambre sur les hauteurs de Montmartre, et il vécut au hasard des besognes, bricolant de droite et de gauche.

Vie lamentable ! Trois fois engagé par trois patrons différents, il fut reconnu et renvoyé sur-le-champ.

Souvent il s'aperçut, ou crut s'apercevoir, que des hommes le suivaient, des hommes de la police, il n'en doutait point, qui ne renonçait pas à le faire tomber dans quelque piège. Et d'avance il sentait l'étreinte rude de la main qui le prendrait au collet.

Un soir qu'il dînait chez un traiteur du quartier, quelqu'un s'installa en face de lui. C'était un individu d'une quarantaine d'années, vêtu d'une redingote noire, de propreté douteuse. Il commanda une soupe, des légumes et un litre de vin.

Et quand il eut mangé la soupe, il tourna les yeux vers Danègre et le regarda longuement.

Danègre pâlit. Pour sûr cet individu était de ceux qui le suivaient depuis des semaines. Que lui voulait-il ? Danègre essaya de se lever. Il ne le put. Ses jambes chancelaient sous lui.

L'homme se versa un verre de vin et emplit le verre de Danègre.

– Nous trinquons, camarade ?

Victor balbutia :

– Oui... oui... à votre santé, camarade.

– À votre santé, Victor Danègre.

L'autre sursauta :

– Moi !... moi !... mais non... je vous jure...

– Vous me jurez quoi ? que vous n'êtes pas vous ? le domestique de la comtesse ?

– Quel domestique ? Je m'appelle Dufour. Demandez au patron.

– Dufour, Anatole, oui, pour le patron, mais Danègre pour la justice, Victor Danègre.

– Pas vrai ! Pas vrai ! on vous a menti.

Le nouveau venu tira de sa poche une carte et la tendit. Victor lut : *« Grimaudan, ex-inspecteur de la Sûreté. Renseignements confidentiels. »* Il tressaillit.

– Vous êtes de la police ?

– Je n'en suis plus, mais le métier me plaisait, et je continue d'une façon plus... lucrative. On déniche de temps en temps des affaires d'or... comme la vôtre ?

– La mienne ?

– Oui, la vôtre, c'est une affaire exceptionnelle, si toutefois vous voulez bien y mettre un peu de complaisance.

– Et si je n'en mets pas ?

– Il le faudra. Vous êtes dans une situation où vous ne pouvez rien me refuser.

Une appréhension sourde envahissait Victor Danègre. Il demanda :

– Qu'y a-t-il ?... parlez.

– Soit, répondit l'autre, finissons-en. En deux mots, voici : je suis envoyé par Mlle de Sinclèves.

– Sinclèves ?

– L'héritière de la comtesse d'Andillot.

– Eh bien ?

– Eh bien, Mlle de Sinclèves me charge de vous réclamer la perle noire.

– La perle noire ?

– Celle que vous avez volée.

– Mais je ne l'ai pas !

– Vous l'avez.

– Si je l'avais, ce serait moi l'assassin.

– C'est vous l'assassin.

Danègre s'efforça de rire.

– Heureusement, mon bon monsieur, que la Cour d'assises n'a pas été du même avis. Tous les jurés, vous entendez, m'ont reconnu innocent. Et quand on a sa conscience pour soi et l'estime de douze braves gens...

L'ex-inspecteur lui saisit le bras :

– Pas de phrases, mon petit. Écoutez-moi bien attentivement et pesez mes paroles, elles en valent la peine. Danègre, trois semaines avant le crime, vous avez dérobé à la cuisinière la clef qui ouvre la porte de service, et vous avez fait faire une clef semblable chez Outard, serrurier, 244, rue Oberkampf.

– Pas vrai, pas vrai, gronda Victor, personne n'a vu cette clef... elle n'existe pas.

– La voici.

Après un silence, Grimaudan reprit :

– Vous avez tué la comtesse à l'aide d'un couteau à virole acheté au bazar de la République, le jour même où vous commandiez votre clef. La lame est triangulaire et creusée d'une cannelure.

– De la blague, tout cela, vous parlez au hasard. Personne n'a vu le couteau.

– Le voici.

Victor Danègre eut un geste de recul. L'ex-inspecteur continua :

– Il y a dessus des taches de rouille. Est-il besoin de vous en expliquer la provenance ?

– Et après ?... vous avez une clef et un couteau... Qui peut affirmer qu'ils m'appartenaient ?

– Le serrurier d'abord, et ensuite l'employé auquel vous avez acheté le couteau. J'ai déjà rafraîchi leur mémoire. En face de vous, ils ne manqueront pas de vous reconnaître.

Il parlait sèchement et durement, avec une précision terrifiante. Danègre était convulsé de peur. Ni le juge, ni le président des assises, ni l'avocat général ne l'avaient serré d'aussi près, n'avaient vu aussi clair dans des choses que lui-même ne discernait plus très nettement.

Cependant, il essaya encore de jouer l'indifférence.

– Si c'est là toutes vos preuves !

– Il me reste celle-ci. Vous êtes reparti, après le crime, par le même chemin. Mais, au milieu du cabinet aux robes, pris d'effroi, vous avez dû vous appuyer contre le mur pour garder votre équilibre.

– Comment le savez-vous ? bégaya Victor... personne ne peut le savoir.

– La justice, non, il ne pouvait venir à l'idée d'aucun de ces messieurs du parquet d'allumer une bougie et d'examiner les murs. Mais si on le faisait, on verrait sur le plâtre blanc une marque rouge très légère, assez nette cependant pour qu'on y retrouve l'empreinte de la face antérieure de votre pouce, de votre pouce tout humide de sang et que vous avez posé contre le mur. Or vous n'ignorez pas qu'en anthropométrie, c'est là un des principaux moyens d'identification.

Victor Danègre était blême. Des gouttes de sueur coulaient de son front. Il considérait avec des yeux de fou cet homme étrange qui évoquait son crime comme s'il en avait été le témoin invisible.

Il baissa la tête, vaincu, impuissant. Depuis des mois il luttait contre tout le monde. Contre cet homme-là, il avait l'impression qu'il n'y avait rien à faire.

– Si je vous rends la perle, balbutia-t-il, combien me donnerez-vous ?

– Rien.

– Comment ! vous vous moquez ! Je vous donnerais une chose qui vaut des mille et des centaines de mille, et je n'aurais rien ?

– Si, la vie.

Le misérable frissonna. Grimaudan ajouta, d'un ton presque doux :

– Voyons, Danègre, cette perle n'a aucune valeur pour vous. Il vous est impossible de la vendre. À quoi bon la garder ?

– Il y a des receleurs... et un jour ou l'autre, à n'importe quel prix...

– Un jour ou l'autre il sera trop tard.

– Pourquoi ?

– Pourquoi ? mais parce que la justice aura remis la main sur vous, et, cette fois, avec les preuves que je lui fournirai, le couteau, la clef, l'indication de votre pouce, vous êtes fichu, mon bonhomme.

Victor s'étreignit la tête de ses deux mains et réfléchit. Il se sentait perdu, en effet, irrémédiablement perdu, et, en même temps, une grande fatigue l'envahissait, un immense besoin de repos et d'abandon. Il murmura :

– Quand vous la faut-il ?

– Ce soir, avant une heure.

– Sinon ?

– Sinon, je mets à la poste cette lettre où Mlle de Sinclèves vous dénonce au procureur de la République.

Danègre se versa deux verres de vin qu'il but coup sur coup, puis se levant :

– Payez l'addition, et allons-y... j'en ai assez de cette maudite affaire.

La nuit était venue. Les deux hommes descendirent la rue Lepic et suivirent les boulevards extérieurs en se dirigeant vers l'Étoile. Ils marchaient silencieusement, Victor, très las et le dos voûté.

Au parc Monceau, il dit :

– C'est du côté de la maison...

– Parbleu ! vous n'en êtes sorti, avant votre arrestation, que pour aller au bureau de tabac.

– Nous y sommes, fit Danègre, d'une voix sourde.

Ils longèrent la grille du jardin, et traversèrent une rue dont le bureau de tabac faisait l'encoignure. Danègre s'arrêta quelques pas plus loin. Ses jambes vacillaient. Il tomba sur un banc.

– Eh bien ? demanda son compagnon.

– C'est là.

– C'est là ! qu'est-ce que vous me chantez ?

– Oui là, devant nous.

– Devant nous ! Dites donc, Danègre, il ne faudrait pas...

– Je vous répète qu'elle est là...

– Où ?

– Entre deux pavés.

– Lesquels ?

– Cherchez.

– Lesquels ? répéta Grimaudan.

Victor ne répondit pas.

– Ah ! parfait, tu veux me faire poser, mon bonhomme.

– Non... mais... je vais crever de misère.

– Et alors, tu hésites ? Allons, je serai bon prince. Combien te faut-il ?

– De quoi prendre un billet d'entrepont pour l'Amérique.

– Convenu.

– Et un billet de cent francs pour les premiers frais.

– Tu en auras deux. Parle.

– Comptez les pavés, à droite de l'égout. C'est entre le douzième et le treizième.

– Dans le ruisseau ?

– Oui, en bas du trottoir.

Grimaudan regarda autour de lui. Des tramways passaient, des gens passaient. Mais bah ! qui pouvait se douter ?...

Il ouvrit son canif et le planta entre le douzième et le treizième pavé.

– Et si elle n'y est pas ?

– Si personne ne m'a vu me baisser et l'enfoncer, elle y est encore.

Se pouvait-il qu'elle y fût ? La perle noire jetée dans la boue d'un ruisseau, à la disposition de premier venu ! La perle noire... une fortune !

– À quelle profondeur ?

– Elle est à dix centimètres, à peu près.

Il creusa le sable mouillé. La pointe de son canif heurta quelque chose. Avec ses doigts, il élargit le trou.

Il aperçut la perle noire.

– Tiens, voilà tes deux cents francs. Je t'enverrai ton billet pour l'Amérique.

Le lendemain, l'*Écho de France* publiait cet entrefilet, qui fut reproduit par les journaux du monde entier.

Depuis hier, la fameuse perle noire est entre les mains d'Arsène Lupin qui l'a reprise au meurtrier de la comtesse d'Andillot. Avant peu, des fac-similés de ce précieux bijou seront exposés à Londres, à Saint-Pétersbourg, à Calcutta, à Buenos Aires et à New York.

Arsène Lupin attend les propositions que voudront bien lui faire ses correspondants.

– Et voilà comme quoi le crime est toujours puni et la vertu récompensée, conclut Arsène Lupin, lorsqu'il m'eut révélé les dessous de l'affaire.

– Et voilà comme quoi, sous le nom de Grimaudan, ex-inspecteur de la Sûreté, vous fûtes choisi par le destin pour enlever au criminel le bénéfice de son forfait.

– Justement. Et j'avoue que c'est une des aventures dont je suis le plus fier. Les quarante minutes que j'ai passées dans l'appartement de la comtesse, après avoir constaté sa mort, sont parmi les plus étonnantes et les plus profondes de ma vie. En quarante minutes, empêtré dans la situation la plus inextricable, j'ai reconstitué le crime, j'ai acquis la certitude, à l'aide de quelques indices, que le coupable ne pouvait être qu'un domestique de la comtesse. Enfin, j'ai compris que, pour avoir la perle, il fallait que ce domestique fût arrêté – et j'ai laissé le bouton de gilet –, mais qu'il ne fallait pas qu'on relevât contre lui des preuves irrécusables de sa culpabilité – et j'ai ramassé le couteau oublié sur le tapis, emporté la clef oubliée sur la serrure, fermé la porte à double tour, et effacé les traces des doigts sur le plâtre du cabinet aux robes. À mon sens, ce fut là un de ces éclairs...

– De génie, interrompis-je.

– De génie, si vous voulez, et qui n'eût pas illuminé le cerveau du premier venu. Deviner en une seconde les deux termes du problème – une arrestation et un acquittement –, me servir de l'appareil formidable de la justice pour détraquer mon homme, pour l'abêtir, bref, pour le mettre dans un état d'esprit tel, qu'une fois libre, il devait inévitablement, fatalement, tomber dans le piège un peu grossier que je lui tendais !...

– Un peu ? dites beaucoup, car il ne courait aucun danger.

– Oh ! pas le moindre, puisque tout acquittement est une chose définitive.

– Pauvre diable...

– Pauvre diable... Victor Danègre ! vous ne songez pas que c'est un assassin ? Il eût été de la dernière immoralité que la perle noire lui restât. Il vit, pensez donc, Danègre vit !

– Et la perle noire est à vous.

Il la sortit d'une des poches secrètes de son portefeuille,

l'examina, la caressa de ses doigts et de ses yeux, et il soupirait :

– Quel est le boyard, quel est le rajah imbécile et vaniteux qui possédera ce trésor ? À quel milliardaire américain est destiné le petit morceau de beauté et de luxe qui ornait les blanches épaules de Léontine Zalti, comtesse d'Andillot ?...

9

Herlock Sholmes arrive trop tard

– C'est étrange ce que vous ressemblez à Arsène Lupin, Velmont !

– Vous le connaissez !

– Oh ! comme tout le monde, par ses photographies, dont aucune n'est pareille aux autres, mais dont chacune laisse l'impression d'une physionomie identique... qui est bien la vôtre.

Horace Velmont parut plutôt vexé.

– N'est-ce pas, mon cher Devanne ? Et vous n'êtes pas le premier à m'en faire la remarque, croyez-le.

– C'est au point, insista Devanne, que si vous n'aviez pas été recommandé par mon cousin d'Estevan, et si vous n'étiez pas le peintre connu dont j'admire les belles marines, je me demande si je n'aurais pas averti la police de votre présence à Dieppe.

La boutade fut accueillie par un rire général. Il y avait là, dans la grande salle à manger du château de Thibermesnil, outre Velmont : l'abbé Gélis, curé du village, et une douzaine d'officiers dont les régiments manœuvraient aux environs, et qui avaient répondu à l'invitation du banquier Georges Devanne et de sa mère. L'un d'eux s'écria :

– Mais, est-ce que, précisément, Arsène Lupin n'a pas été signalé sur la côte, après son fameux coup du rapide de Paris au Havre ?

– Parfaitement, il y a de cela trois mois, et la semaine suivante je faisais connaissance au casino de notre excellent Velmont qui, depuis, a bien voulu m'honorer de quelques visites – agréable préambule d'une visite domiciliaire plus sérieuse qu'il me rendra l'un de ces jours... ou plutôt l'une de ces nuits !

On rit de nouveau et l'on passa dans l'ancienne salle des gardes, vaste pièce, très haute, qui occupe toute la partie inférieure de la tour Guillaume, et où Georges Devanne a réuni les incomparables richesses accumulées à travers les siècles par les sires de Thibermesnil. Des bahuts et des crédences, des landiers et des girandoles la décorent. De magnifiques tapisseries pendent aux murs de pierre. Les embrasures des quatre fenêtres sont profondes, munies de bancs, et se terminent par des croisées ogivales à vitraux encadrés de plomb. Entre la porte et la fenêtre de gauche, s'érige une bibliothèque monumentale de style Renaissance, sur le fronton de laquelle on lit, en lettres d'or : « Thibermesnil » et au-dessous, la fière devise de la famille : « Fais ce que veux. »

Et comme on allumait des cigares, Devanne reprit :

– Seulement, dépêchez-vous, Velmont, c'est la dernière nuit qui vous reste.

– Et pourquoi ? fit le peintre qui, décidément, prenait la chose en plaisantant.

Devanne allait répondre quand sa mère lui fit signe. Mais l'excitation du dîner, le désir d'intéresser ses hôtes l'emportèrent.

– Bah ! murmura-t-il, je puis parler maintenant. Une indiscrétion n'est plus à craindre.

On s'assit autour de lui avec une vive curiosité, et il déclara, de l'air satisfait de quelqu'un qui annonce une grosse nouvelle :

– Demain, à quatre heures du soir, Herlock Sholmes, le grand policier anglais pour qui il n'est point de mystère, Herlock Sholmes, le plus extraordinaire déchiffreur d'énigmes que l'on ait jamais vu, le prodigieux personnage qui semble forgé de toutes pièces par l'imagination d'un romancier, Herlock Sholmes sera mon hôte.

On se récria. Herlock Sholmes à Thibermesnil ? C'était donc sérieux ? Arsène Lupin se trouvait réellement dans la contrée ?

– Arsène Lupin et sa bande ne sont pas loin. Sans compter l'affaire du baron Cahorn, à qui attribuer les cambriolages de Montigny, de Gruchet, de Crasville, sinon à notre voleur national ? Aujourd'hui, c'est mon tour.

– Et vous êtes prévenu, comme le fut le baron Cahorn ?

– Le même truc ne réussit pas deux fois.

– Alors ?

– Alors ?... alors voici.

Il se leva, et désignant du doigt, sur l'un des rayons de la bibliothèque, un petit espace vide entre deux énormes in-folio :

– Il y avait là un livre, un livre du XVIe siècle, intitulé la *Chronique de Thibermesnil*, et qui était l'histoire du château depuis sa construction par le duc Rollon sur l'emplacement d'une forteresse féodale. Il contenait trois planches gravées. L'une représentait une vue cavalière du domaine dans son ensemble, la seconde le plan des bâtiments, et la troisième – j'appelle votre attention là-dessus – le tracé d'un souterrain dont l'une des issues s'ouvre à l'extérieur de la première ligne des remparts, et dont l'autre aboutit ici, oui, dans la salle même où nous nous tenons. Or ce livre a disparu depuis le mois dernier.

– Fichtre, dit Velmont, c'est mauvais signe. Seulement cela ne suffit pas pour motiver l'intervention de Herlock Sholmes.

– Certes, cela n'eût point suffi s'il ne s'était passé un autre fait qui donne à celui que je viens de vous raconter toute sa signification. Il existait à la Bibliothèque Nationale un second exemplaire de cette *Chronique*, et ces deux exemplaires différaient par certains détails concernant le souterrain, comme l'établissement d'un profil et d'une échelle, et diverses annotations, non pas imprimées, mais écrites à l'encre et plus ou moins effacées. Je savais ces particularités, et je savais que le tracé définitif ne pouvait être reconstitué que par une confrontation minutieuse des deux cartes. Or, le lendemain du jour où mon exemplaire disparaissait, celui de la Bibliothèque Nationale était demandé par un lecteur qui l'emportait sans qu'il fût possible de déterminer les conditions dans lesquelles le vol était effectué.

Des exclamations accueillirent ces paroles.

– Cette fois, l'affaire devient sérieuse.

– Aussi, cette fois, dit Devanne, la police s'émut et il y eut une double enquête, qui, d'ailleurs, n'eut aucun résultat.

– Comme toutes celles dont Arsène Lupin est l'objet.

– Précisément. C'est alors qu'il me vint à l'esprit de demander son concours à Herlock Sholmes, lequel me répondit qu'il avait le plus vif désir d'entrer en contact avec Arsène Lupin.

– Quelle gloire pour Arsène Lupin ! dit Velmont. Mais si notre voleur national, comme vous l'appelez, ne nourrit aucun projet sur Thibermesnil, Herlock Sholmes n'aura qu'à se tourner les pouces ?

– Il y a autre chose, et qui l'intéressera vivement, la découverte du souterrain.

– Comment, vous nous avez dit qu'une des entrées s'ouvrait sur la campagne, l'autre dans ce salon même !

– Où ? En quel lieu de ce salon ? La ligne qui représente le souterrain sur les cartes aboutit bien d'un côté à un petit cercle accompagné de ces deux majuscules : « T. G. », ce qui signifie sans doute, n'est-ce pas, Tour Guillaume. Mais la tour est ronde, et qui pourrait déterminer à quel endroit du rond s'amorce le tracé du dessin ?

Devanne alluma un second cigare et se versa un verre de bénédictine. On le pressait de questions. Il souriait, heureux de l'intérêt provoqué. Enfin, il prononça :

– Le secret est perdu. Nul au monde ne le connaît. De père en fils, dit la légende, les puissants seigneurs se le transmettaient à leur lit de mort, jusqu'au jour où Geoffroy, dernier du nom, eut la tête tranchée sur l'échafaud, le 7 thermidor an II, dans sa dix-neuvième année.

– Mais depuis un siècle, on a dû chercher ?

– On a cherché, mais vainement. Moi-même, quand j'eus acheté le château à l'arrière-petit-neveu du conventionnel Leribourg, j'ai fait faire des fouilles. À quoi bon ? Songez que cette tour, environnée d'eau, n'est reliée au château que par un point, et qu'il faut, en conséquence, que le souterrain passe sous les anciens fossés. Le plan de la Bibliothèque Nationale montre d'ailleurs une suite de quatre escaliers comportant quarante-huit marches, ce qui laisse supposer une profondeur de plus de dix mètres. Et l'échelle, annexée à l'autre plan, fixe la distance à deux cents mètres. En réalité, tout le problème est ici, entre ce plancher, ce plafond et ces murs. Ma foi, j'avoue que j'hésite à les démolir.

– Et l'on n'a aucun indice ?

– Aucun.

L'abbé Gélis objecta :

– Monsieur Devanne, nous devons faire état de deux citations.

– Oh ! s'écria Devanne en riant, monsieur le curé est un fouilleur d'archives, un grand liseur de mémoires, et tout ce qui touche à Thibermesnil le passionne. Mais l'explication dont il parle ne sert qu'à embrouiller les choses.

– Mais encore ?

– Vous y tenez ?

– Énormément.

– Vous saurez donc qu'il résulte de ses lectures que deux rois de France ont eu le mot de l'énigme.

– Deux rois de France !

– Henri IV et Louis XVI.

– Ce ne sont pas les premiers venus. Et comment monsieur l'abbé est-il au courant ?...

– Oh ! c'est bien simple, continua Devanne. L'avant-veille de la bataille d'Arques, le roi Henri IV vint souper et coucher dans ce château. À onze heures du soir, Louise de Tancarville, la plus jolie dame de Normandie, fut introduite auprès de lui par le souterrain avec la complicité du duc Edgard, qui, en cette occasion, livra le secret de famille. Ce secret, Henri IV le confia plus tard à son ministre Sully, qui raconte l'anecdote dans ses *Royales Œconomies d'État* sans l'accompagner d'autre commentaire que de cette phrase incompréhensible :

« La hache tournoie dans l'air qui frémit, mais l'aile s'ouvre, et l'on va jusqu'à Dieu. »

Il y eut un silence, et Velmont ricana :

– Ce n'est pas d'une clarté aveuglante.

– N'est-ce pas ? Monsieur le curé veut que Sully ait noté par là le mot de l'énigme, sans trahir le secret des scribes auxquels il dictait ses mémoires.

– L'hypothèse est ingénieuse.

– Je l'accorde, mais qu'est-ce que la hache qui tournoie, et l'oiseau qui s'envole ?

– Et qu'est-ce qui va jusqu'à Dieu ?

– Mystère !

Velmont reprit :

– Et ce bon Louis XVI, fût-ce également pour recevoir la visite d'une dame, qu'il se fit ouvrir le souterrain ?

– Je l'ignore. Tout ce qu'il est permis de dire, c'est que Louis XVI a séjourné en 1784 à Thibermesnil, et que la fameuse armoire de fer, trouvée au Louvre sur la dénonciation de Gamain, renfermait un papier avec ces mots écrits par lui : « *Thibermesnil : 2-6-12.* »

Horace Velmont éclata de rire :

– Victoire ! les ténèbres se dissipent de plus en plus. Deux fois six font douze.

– Riez à votre guise, monsieur, fit l'abbé, il n'empêche que ces deux citations contiennent la solution, et qu'un jour ou l'autre viendra quelqu'un qui saura les interpréter.

– Herlock Sholmes d'abord, dit Devanne... À moins qu'Arsène Lupin ne le devance. Qu'en pensez-vous, Velmont ?

Velrnont se leva, mit la main sur l'épaule de Devanne, et déclara :

– Je pense qu'aux données fournies par votre livre et par celui de la Bibliothèque, il manquait un renseignement de la plus haute importance, et que vous avez eu la gentillesse de me l'offrir. Je vous en remercie.

– De sorte que ?...

– De sorte que maintenant, la hache ayant tournoyé, l'oiseau s'étant enfui, et deux fois six faisant douze, je n'ai plus qu'à me mettre en campagne.

– Sans perdre une minute.

– Sans perdre une seconde ! Ne faut-il pas que cette nuit, c'est-à-dire avant l'arrivée de Herlock Sholmes, je cambriole votre château ?

– Il est de fait que vous n'avez que le temps. Voulez-vous que je vous conduise ?

– Jusqu'à Dieppe ?

– Jusqu'à Dieppe. J'en profiterai pour ramener moi-même monsieur et madame d'Androl et une jeune fille de leurs amis qui arrivent par le train de minuit.

Et s'adressant aux officiers, Devanne ajouta :

– D'ailleurs, nous nous retrouverons tous ici demain à déjeuner, n'est-ce pas, messieurs ? Je compte bien sur vous, puisque ce château doit être investi par vos régiments et pris d'assaut sur le coup de onze heures.

L'invitation fut acceptée, on se sépara et un instant plus tard, une 20-30 Étoile d'Or emportait Devanne et Velmont sur la route de Dieppe. Devanne déposa le peintre devant le casino, et se rendit à la gare.

À minuit, ses amis descendaient du train. À minuit et demi, l'automobile franchissait les portes de Thibermesnil. À une heure, après un léger souper servi dans le salon, chacun se retira. Peu à peu toutes les lumières s'éteignirent. Le grand silence de la nuit enveloppa le château.

Mais la lune écarta les nuages qui la voilaient, et, par deux des fenêtres, emplit le salon de clarté blanche. Cela ne dura qu'un moment. Très vite la lune se cacha derrière le rideau des collines. Et ce fut l'obscurité. Le silence s'augmenta de l'ombre plus épaisse. À peine, de temps à autre, des craquements de meubles le troublaient-ils, ou bien le bruissement des roseaux sur l'étang qui baigne les vieux murs de ses eaux vertes.

La pendule égrenait le chapelet infini des secondes. Elle sonna deux heures. Puis, de nouveau, les secondes tombèrent hâtives et monotones dans la paix lourde de la nuit. Puis trois heures sonnèrent.

Et tout à coup quelque chose claqua, comme fait, au passage d'un train, le disque d'un signal qui s'ouvre et se rabat. Et un jet fin de lumière traversa le salon de part en part, ainsi qu'une flèche qui laisserait derrière elle une traînée étincelante. Il jaillissait de la cannelure centrale d'un pilastre où s'appuie, à droite, le fronton de la bibliothèque. Il s'immobilisa d'abord sur le panneau opposé en un cercle éclatant, puis il se promena de tous côtés comme un regard inquiet qui scrute l'ombre, puis il s'évanouit pour jaillir encore, pendant que toute une partie de la bibliothèque tournait sur elle-même et démasquait une large ouverture en forme de voûte.

Un homme entra, qui tenait à la main une lanterne électrique. Un autre homme et un troisième surgirent qui portaient un rouleau de cordes et différents instruments. Le premier inspecta la pièce, écouta et dit :

– Appelez les camarades.

De ces camarades, il en vint huit par le souterrain, gaillards solides, au visage énergique. Le déménagement commença.

Ce fut rapide. Arsène Lupin passait d'un meuble à un autre, l'examinait et, suivant ses dimensions ou sa valeur artistique, lui faisait grâce ou ordonnait :

– Enlevez !

Et l'objet était enlevé, avalé par la gueule béante du tunnel, expédié dans les entrailles de la terre.

Et ainsi furent escamotés six fauteuils et six chaises Louis XV, et des tapisseries d'Aubusson, et des girandoles signées Gouthière, et deux Fragonard, et un Nattier, et un buste de Houdon, et des statuettes. Quelquefois Lupin s'attardait devant un magnifique bahut ou un superbe tableau et soupirait :

– Trop lourd, celui-là... trop grand... quel dommage !

Et il continuait son expertise.

En quarante minutes, le salon fut « désencombré », selon l'expression d'Arsène. Et tout cela s'était accompli dans un ordre admirable, sans aucun bruit, comme si tous les objets que maniaient ces hommes eussent été garnis d'épaisse ouate.

Il dit alors au dernier d'entre eux, qui s'en allait, porteur d'un cartel signé Boulle :

– Inutile de revenir. Il est entendu, n'est-ce pas, qu'aussitôt l'auto-camion chargé, vous filez jusqu'à la grange de Roquefort.

– Mais vous, patron ?

– Qu'on me laisse la motocyclette.

L'homme parti, il repoussa, tout contre, le pan mobile de la bibliothèque, puis, après avoir fait disparaître les traces du déménagement, effacé les marques de pas, il souleva une portière, et pénétra dans une galerie qui servait de communication entre la tour et le château. Au milieu, il y avait une vitrine, et c'était à cause de cette vitrine qu'Arsène Lupin avait poursuivi ses investigations.

Elle contenait des merveilles, une collection unique de montres, de tabatières, de bagues, de châtelaines, de miniatures du plus joli travail. Avec une pince il força la serrure, et ce lui fut un plaisir inexprimable que de saisir ces joyaux d'or et d'argent, ces petites œuvres d'un art si précieux et si délicat.

Il avait passé en bandoulière autour de son cou un large sac de toile spécialement aménagé pour ces aubaines. Il le remplit. Et il remplit aussi les poches de sa veste, de son pantalon et de son gilet. Et il refermait son bras gauche sur une pile de ces réticules en perles si goûtés de nos ancêtres, et que la mode actuelle recherche si passionnément... lorsqu'un léger bruit frappa son oreille.

Il écouta : il ne se trompait pas, le bruit se précisait.

Et soudain il se rappela : à l'extrémité de la galerie, un escalier intérieur conduisait à un appartement inoccupé jusqu'ici, mais qui était, depuis ce soir, réservé à cette jeune fille que Devanne avait été chercher à Dieppe avec ses amis d'Androl.

D'un geste rapide ; il pressa du doigt le ressort de sa lanterne : elle s'éteignit. Il avait à peine gagné l'embrasure d'une fenêtre qu'au haut de l'escalier la porte fut ouverte et qu'une faible lueur éclaira la galerie.

Il eut la sensation – car, à demi caché par un rideau, il ne voyait point – qu'une personne descendait les premières marches avec précaution. Il espéra qu'elle n'irait pas plus loin. Elle descendit cependant et avança de plusieurs pas dans la pièce. Mais elle poussa un cri. Sans doute avait-elle aperçu la vitrine brisée, aux trois quarts vide.

Au parfum, il reconnut la présence d'une femme. Ses vêtements frôlaient presque le rideau qui le dissimulait, et il lui sembla qu'il entendait battre le cœur de cette femme, et qu'elle aussi devinait la présence d'un autre être, derrière elle, dans l'ombre, à portée de sa main... Il se dit : « Elle a peur... elle va partir... il est impossible qu'elle ne parte pas. » Elle ne partit point. La bougie qui tremblait dans sa main s'affermit. Elle se retourna, hésita un instant, parut écouter le silence effrayant, puis, d'un coup, écarta le rideau.

Ils se virent.

Arsène murmura, bouleversé :

– Vous... vous... mademoiselle !

C'était miss Nelly.

Miss Nelly ! la passagère du transatlantique, celle qui avait mêlé ses rêves aux rêves du jeune homme durant cette inoubliable traversée, celle qui avait assisté à son arrestation, et qui, plutôt que de le trahir, avait eu ce joli geste de jeter à la mer le kodak où il avait caché les bijoux et les billets de banque... Miss Nelly ! la chère et souriante créature dont l'image avait si souvent attristé ou réjoui ses longues heures de prison !

Le hasard était si prodigieux, qui les mettait en présence l'un de l'autre dans ce château et à cette heure de la nuit, qu'ils ne bougeaient point et ne prononçaient pas une parole, stupéfaits, comme hypnotisés par l'apparition fantastique qu'ils étaient l'un pour l'autre.

Chancelante, brisée d'émotion, miss Nelly dut s'asseoir.

Il resta debout en face d'elle. Et peu à peu, au cours des secondes interminables qui s'écoulèrent, il eut conscience de l'impression qu'il devait donner en cet instant, les bras chargés de bibelots, les poches gonflées, et son sac rempli à en crever. Une grande confusion l'envahit, et il rougit de se trouver là, dans cette vilaine posture du voleur qu'on prend en flagrant délit. Pour elle, désormais, quoi qu'il advînt, il était le voleur, celui qui met la main dans la poche des autres, celui qui crochète les portes et s'introduit furtivement.

Une des montres roula sur le tapis, une autre également. Et d'autres choses encore allaient glisser de ses bras, qu'il ne savait comment retenir. Alors, se décidant brusquement, il laissa tomber sur le fauteuil une partie des objets, vida ses poches et se défit de son sac.

Il se sentit plus à l'aise devant Nelly, il fit un pas vers elle avec l'intention de lui parler. Mais elle eut un geste de recul, puis se leva vivement, comme prise d'effroi, et se précipita vers le salon. La portière se referma sur elle, il la rejoignit. Elle était là, interdite, tremblante, et ses yeux contemplaient avec terreur l'immense pièce dévastée.

Aussitôt il lui dit :

– À trois heures, demain, tout sera remis en place... Les meubles seront rapportés...

Elle ne répondit pas, et il répéta :

– Demain, à trois heures, je m'y engage... Rien au monde ne pourra m'empêcher de tenir ma promesse... Demain, à trois heures...

Un long silence pesa sur eux. Il n'osait le rompre et l'émotion de la jeune fille lui causait une véritable souffrance. Doucement, sans un mot, il s'éloigna d'elle.

Et il pensait :

« Qu'elle s'en aille !... Qu'elle se sente libre de s'en aller... Qu'elle n'ait pas peur de moi !... »

Mais soudain elle tressaillit et balbutia :

– Écoutez... des pas... j'entends marcher...

Il la regarda avec étonnement. Elle semblait bouleversée, ainsi qu'à l'approche d'un péril.

– Je n'entends rien, dit-il, et quand même...

– Comment ! mais il faut fuir... vite, fuyez...

– Fuir... pourquoi ?

– Il le faut... il le faut... Ah ! ne restez pas...

D'un trait elle courut jusqu'à l'endroit de la galerie et prêta l'oreille. Non, il n'y avait personne. Peut-être le bruit venait-il du dehors ?... Elle attendit une seconde, puis, rassurée, se retourna.

Arsène Lupin avait disparu.

À l'instant même où Devanne constata le pillage de son château, il se dit : « C'est Velmont qui a fait le coup, et Velmont n'est autre qu'Arsène Lupin. » Tout s'expliquait ainsi, et rien ne s'expliquait autrement. Cette idée ne fit, d'ailleurs, que l'effleurer, tellement il était invraisemblable que Velmont ne fût point Velmont, c'est-à-dire le peintre connu, le camarade de cercle de son cousin d'Estevan. Et lorsque le brigadier de gendarmerie, aussitôt averti, se présenta, Devanne ne songea même pas à lui communiquer cette supposition absurde.

Toute la matinée, ce fut, à Thibermesnil, un va-et-vient indescriptible. Les gendarmes, le garde champêtre, le commissaire de police de Dieppe, les habitants du village, tout ce monde s'agitait dans les couloirs, ou dans le parc, ou autour du château. L'approche des troupes en manœuvre, le crépitement des fusils ajoutaient au pittoresque de la scène.

Les premières recherches ne fournirent point d'indice. Les fenêtres n'ayant pas été brisées ni les portes fracturées, sans nul doute le déménagement s'était effectué par l'issue secrète. Pourtant, sur le tapis, aucune trace de pas, sur les murs, aucune marque insolite.

Une seule chose, inattendue, et qui dénotait bien la fantaisie d'Arsène Lupin : la fameuse *Chronique du XVIe siècle* avait repris son ancienne place, et, à côté, se trouvait un livre semblable qui n'était autre que l'exemplaire volé à la Bibliothèque Nationale.

À onze heures les officiers arrivèrent. Devanne les accueillit gaiement – quelque ennui que lui causât la perte de telles richesses artistiques, sa fortune lui permettait de la supporter sans mauvaise humeur. Ses amis d'Androl et Nelly descendirent.

Les présentations faites, on s'aperçut qu'il manquait un convive. Horace Velmont. Ne viendrait-il point ?

Son absence eût réveillé les soupçons de Georges Devanne. Mais à midi précis, il entrait. Devanne s'écria :

– À la bonne heure ! Vous voilà !

– Ne suis-je pas exact ?

– Si, mais vous auriez pu ne pas l'être... après une nuit si agitée ! car vous savez la nouvelle ?

– Quelle nouvelle ?

– Vous avez cambriolé le château.

– Allons donc !

– Comme je vous le dis. Mais offrez tout d'abord votre bras à miss Underdown, et passons à table... Mademoiselle, permettez-moi...

Il s'interrompit, frappé par le trouble de la jeune fille. Puis, soudain, se rappelant :

– C'est vrai, à propos, vous avez voyagé avec Arsène Lupin, jadis... avant son arrestation... La ressemblance vous étonne, n'est-ce pas ?

Elle ne répondit point. Devant elle, Velmont souriait. Il s'inclina, elle prit son bras. Il la conduisit à sa place et s'assit en face d'elle.

Durant le déjeuner on ne parla que d'Arsène Lupin, des meubles enlevés, du souterrain, de Herlock Sholmes. À la fin du repas seulement, comme on abordait d'autres sujets, Velmont se mêla à la conversation. Il fut tour à tour amusant et grave, éloquent et spirituel. Et tout ce qu'il disait, il semblait ne le dire que pour intéresser la jeune fille. Très absorbée, elle ne paraissait point l'entendre.

On servit le café sur la terrasse qui domine la cour d'honneur et le jardin du côté de la façade principale. Au milieu de la pelouse, la musique du régiment se mit à jouer, et la foule des paysans et des soldats se répandit dans les allées du parc.

Cependant Nelly se souvenait de la promesse d'Arsène Lupin : « À trois heures tout sera là, je m'y engage. »

À trois heures ! et les aiguilles de la grande horloge qui ornait l'aile droite marquaient deux heures quarante. Elle les regardait malgré elle à tout instant. Et elle regardait aussi Velmont qui se balançait paisiblement dans un confortable rocking-chair.

Deux heures cinquante... deux heures cinquante-cinq... une sorte d'impatience, mêlée d'angoisse, étreignait la jeune fille. Était-il admissible que le miracle s'accomplît, et qu'il s'accomplît à la minute fixée, alors que le château, la cour, la campagne étaient remplis de monde, et qu'en ce moment même le procureur de la République et le juge d'instruction poursuivaient leur enquête ?

Et pourtant... pourtant Arsène Lupin avait promis avec une telle solennité ! Cela sera comme il l'a dit, pensa-t-elle impressionnée par tout ce qu'il y avait en cet homme d'énergie, d'autorité et de certitude. Et cela ne lui semblait pas un miracle, mais un événement naturel qui devait se produire par la force des choses.

Une seconde, leurs regards se croisèrent. Elle rougit et détourna la tête.

Trois heures... Le premier coup sonna, le deuxième, le troisième... Horace Velmont tira sa montre, leva les yeux vers l'horloge, puis remit sa montre dans sa poche. Quelques secondes s'écoulèrent. Et voici que la foule s'écarta, autour de la pelouse, livrant passage à deux voitures qui venaient de franchir la grille du parc, attelées l'une et l'autre de deux chevaux. C'étaient de ces fourgons qui vont à la suite des régiments et qui portent les cantines des officiers et les sacs des soldats. Ils s'arrêtèrent devant le perron. Un sergent fourrier sauta de l'un des sièges et demanda M. Devanne.

Devanne accourut et descendit les marches. Sous les bâches, il vit, soigneusement rangés, bien enveloppés, ses meubles, ses tableaux, ses objets d'art.

Aux questions qu'on lui posa, le fourrier répondit en exhibant l'ordre qu'il avait reçu de l'adjudant de service, et que cet adjudant avait pris, le matin, au rapport. Par cet ordre, la deuxième compagnie du quatrième bataillon devait pourvoir à ce que les objets mobiliers déposés au carrefour des Halleux, en forêt d'Arques, fussent portés à trois heures à M. Georges Devanne, propriétaire du château de Thibermesnil. Signé : le colonel Beauvel.

– Au carrefour, ajouta le sergent, tout se trouvait prêt, aligné sur le gazon, et sous la garde... des passants. Ça m'a semblé drôle, mais quoi ! l'ordre était catégorique.

Un des officiers examina la signature : elle était parfaitement imitée, mais fausse.

La musique avait cessé de jouer, on vida les fourgons, on réintégra les meubles.

Au milieu de cette agitation, Nelly resta seule à l'extrémité de la terrasse. Elle était grave et soucieuse, agitée de pensées confuses qu'elle ne cherchait pas à formuler. Soudain, elle aperçut Velmont qui s'approchait. Elle souhaita de l'éviter, mais l'angle de la balustrade qui porte la terrasse l'entourait de deux côtés, et une ligne de grandes caisses d'arbustes : orangers, lauriers-roses et bambous, ne lui laissait d'autre retraite que le chemin par où s'avançait le jeune homme. Elle ne bougea pas. Un rayon de soleil tremblait sur ses cheveux d'or, agité par les feuilles frêles d'un bambou. Quelqu'un prononça très bas :

– J'ai tenu ma promesse de cette nuit.

Arsène Lupin était près d'elle, et autour d'eux il n'y avait personne.

Il répéta, l'attitude hésitante, la voix timide :

– J'ai tenu ma promesse de cette nuit.

Il attendait un mot de remerciement, un geste du moins qui prouvât l'intérêt qu'elle prenait à cet acte. Elle se tut.

Ce mépris irrita Arsène Lupin, et, en même temps, il avait le sentiment profond de tout ce qui le séparait de Nelly, maintenant qu'elle savait la vérité. Il eût voulu se disculper, chercher des excuses, montrer sa vie dans ce qu'elle avait d'audacieux et de grand. Mais, d'avance, les paroles le froissaient, et il sentait l'absurdité et l'insolence de toute explication. Alors il murmura tristement, envahi d'un flot de souvenirs :

– Comme le passé est loin ! Vous rappelez-vous les longues heures sur le pont de la *Provence*. Ah ! tenez... vous aviez, comme aujourd'hui, une rose à la main, une rose pâle comme celle-ci... Je vous l'ai demandée... vous n'avez pas eu l'air d'entendre... Cependant, après votre départ, j'ai trouvé la rose... oubliée sans doute... Je l'ai gardée...

Elle ne répondit pas encore. Elle semblait très loin de lui. Il continua :

– En mémoire de ces heures, ne songez pas à ce que vous savez. Que le passé se relie au présent ! Que je ne sois pas celui que vous avez vu cette nuit, mais celui d'autrefois, et que vos yeux me regardent, ne fût-ce qu'une seconde, comme ils me regardaient... Je vous en prie... Ne suis-je plus le même ?

Elle leva les yeux, comme il le demandait, et le regarda. Puis, sans un mot, elle posa son doigt sur une bague qu'il portait à l'index. On n'en pouvait voir que l'anneau, mais le chaton, retourné à l'intérieur, était formé d'un rubis merveilleux.

Arsène Lupin rougit. Cette bague appartenait à Georges Devanne.

Il sourit avec amertume.

– Vous avez raison. Ce qui a été sera toujours. Arsène Lupin n'est et ne peut être qu'Arsène Lupin, et entre vous et lui, il ne peut même pas y avoir un souvenir... Pardonnez-moi... J'aurais dû comprendre que ma seule présence auprès de vous est un outrage...

Il s'effaça le long de la balustrade, le chapeau à la main. Nelly passa devant lui. Il fut tenté de la retenir, de l'implorer. L'audace lui manqua, et il la suivit des yeux, comme un jour lointain où elle traversait la passerelle sur le quai de New York. Elle monta les degrés qui conduisent à la porte. Un instant encore sa fine silhouette se dessina parmi les marbres du vestibule. Il ne la vit plus.

Un nuage obscurcit le soleil. Arsène Lupin observait, immobile, la trace des petits pas empreints dans le sable. Tout à coup, il tressaillit : sur la chaise de bambou contre laquelle Nelly s'était appuyée gisait la rose, la rose pâle qu'il n'avait pas osé lui demander... Oubliée sans doute, elle aussi ? Mais oubliée volontairement ou par distraction ?

Il la saisit ardemment. Des pétales s'en détachèrent. Il les ramassa un à un comme des reliques...

– Allons, se dit-il, je n'ai plus rien à faire ici. D'autant que si Herlock Sholmes s'en mêle, ça pourrait devenir mauvais.

Le parc était désert. Cependant, près du pavillon qui commande l'entrée, se tenait un groupe de gendarmes. Il s'enfonça dans les taillis, escalada le mur d'enceinte et prit, pour se rendre à la gare la plus proche, un sentier qui serpentait parmi les champs. Il n'avait point marché durant dix minutes que le chemin se rétrécit, encaissé entre deux talus, et comme il arrivait dans ce défilé, quelqu'un s'y engageait qui venait en sens inverse.

C'était un homme d'une cinquantaine d'années peut-être, assez fort, la figure rasée, et dont le costume précisait l'aspect étranger. Il portait à la main une lourde canne, et une sacoche pendait à son cou.

Ils se croisèrent. L'étranger dit, avec un accent anglais à peine perceptible :

– Excusez-moi, monsieur... est-ce bien ici la route du château ?

– Tout droit, monsieur, et à gauche dès que vous serez au pied du mur. On vous attend avec impatience.

– Ah !

– Oui, mon ami Devanne nous annonçait votre visite dès hier soir.

– Tant pis pour monsieur Devanne s'il a trop parlé.

– Et je suis heureux d'être le premier à vous saluer. Herlock Sholmes n'a pas d'admirateur plus fervent que moi.

Il y eut dans sa voix une nuance imperceptible d'ironie qu'il regretta aussitôt, car Herlock Sholmes le considéra des pieds à la tête, et d'un œil à la fois si enveloppant et si aigu, qu'Arsène Lupin eut l'impression d'être saisi, emprisonné, enregistré par ce regard, plus exactement et plus essentiellement qu'il ne l'avait jamais été par aucun appareil photographique.

« Le cliché est pris, pensa-t-il. Plus la peine de me déguiser avec ce bonhomme-là. Seulement... m'a-t-il reconnu ? »

Ils se saluèrent. Mais un bruit de pas résonna, un bruit de chevaux qui caracolent dans un cliquetis d'acier. C'étaient les gendarmes. Les deux hommes durent se coller contre le talus, dans l'herbe haute, pour éviter d'être bousculés. Les gendarmes passèrent, et comme ils se suivaient à une certaine distance, ce fut assez long. Et Lupin songeait :

« Tout dépend de cette question : m'a-t-il reconnu ? Si oui, il y a bien des chances pour qu'il abuse de la situation. Le problème est angoissant. »

Quand le dernier cavalier les eut dépassés, Herlock Sholmes se releva et, sans rien dire, brossa son vêtement sali de poussière. La courroie de son sac était embarrassée d'une branche d'épines. Arsène Lupin s'empressa. Une seconde encore ils s'examinèrent. Et, si quelqu'un avait pu les surprendre à cet instant, c'eût été un spectacle émouvant que la première rencontre de ces deux hommes si puissamment armés, tous deux vraiment supérieurs et destinés fatalement par leurs aptitudes spéciales à se heurter comme deux forces égales que l'ordre des choses pousse l'une contre l'autre à travers l'espace.

Puis l'Anglais dit :

– Je vous remercie, monsieur.

– Tout à votre service, répondit Lupin.

Ils se quittèrent. Lupin se dirigea vers la station. Herlock Sholmes vers le château.

Le juge d'instruction et le procureur étaient partis après de vaines recherches et l'on attendait Herlock Sholmes avec une curiosité que justifiait sa grande réputation. On fut un peu déçu par son aspect de bon bourgeois, qui différait si profondément de l'image qu'on se faisait de lui. Il n'avait rien du héros de roman, du personnage énigmatique et diabolique qu'évoque en nous l'idée de Herlock Sholmes. Devanne, cependant, s'écria, plein d'exubérance :

– Enfin, Maître, c'est vous ! Quel bonheur ! Il y a si longtemps que j'espérais... Je suis presque heureux de tout ce qui s'est passé, puisque cela me vaut le plaisir de vous voir. Mais, à propos, comment êtes-vous venu ?

– Par le train.

– Quel dommage ! Je vous avais cependant envoyé mon automobile au débarcadère.

– Une arrivée officielle, n'est-ce pas ? avec tambour et musique. Excellent moyen pour me faciliter la besogne, bougonna l'Anglais.

Ce ton peu engageant déconcerta Devanne qui, s'efforçant de plaisanter, reprit :

– La besogne, heureusement, est plus facile que je ne vous l'avais écrit.

– Et pourquoi ?

– Parce que le vol a eu lieu cette nuit.

– Si vous n'aviez pas annoncé ma visite, monsieur, il est probable que le vol n'aurait pas eu lieu cette nuit.

– Et quand donc ?

– Demain, ou un autre jour.

– Et en ce cas ?

– Lupin eût été pris au piège.

– Et mes meubles ?

– N'auraient pas été enlevés.

– Mes meubles sont ici.

– Ici ?

– Ils ont été rapportés à trois heures.

– Par Lupin ?

– Par deux fourgons militaires.

Herlock Sholmes enfonça violemment son chapeau sur sa tête et rajusta son sac ; mais Devanne s'écria :

– Que faites-vous ?

– Je m'en vais.

– Et pourquoi ?

– Vos meubles sont là, Arsène Lupin est loin. Mon rôle est terminé.

– Mais j'ai absolument besoin de votre concours, cher monsieur. Ce qui s'est passé hier peut se renouveler demain, puisque nous ignorons le plus important : comment Arsène Lupin est entré, comment il est sorti, et pourquoi, quelques heures plus tard, il procédait à une restitution.

– Ah ! vous ignorez...

L'idée d'un secret à découvrir adoucit Herlock Sholmes.

– Soit, cherchons. Mais vite, n'est-ce pas ? et, autant que possible, seuls.

La phrase désignait clairement les assistants. Devanne comprit et introduisit l'Anglais dans le salon. D'un ton sec, en phrases qui semblaient comptées d'avance, et avec quelle parcimonie ! Sholmes lui posa des questions sur la soirée de la veille, sur les convives qui s'y trouvaient, sur les habitués du château. Puis il examina les deux volumes de la *Chronique*, compara les cartes du souterrain, se fit répéter les citations relevées par l'abbé Gélis, et demanda :

– C'est bien hier que, pour la première fois, vous avez parlé de ces deux citations ?

– Hier.

– Vous ne les aviez jamais communiquées à M. Horace

Velmont ?

– Jamais.

– Bien. Commandez votre automobile. Je repars dans une heure.

– Dans une heure !

– Arsène Lupin n'a pas mis davantage à résoudre le problème que vous lui avez posé.

– Moi !... je lui ai posé...

– Eh ! oui, Arsène Lupin et Velmont, c'est la même chose.

– Je m'en doutais... ah ! le gredin !

– Or, hier soir, à dix heures, vous avez fourni à Lupin les éléments de vérité qui lui manquaient et qu'il cherchait depuis des semaines. Et, dans le courant de la nuit, Lupin a trouvé le temps de comprendre, de réunir sa bande et de vous dévaliser. J'ai la prétention d'être aussi expéditif.

Il se promena d'un bout à l'autre de la pièce en réfléchissant, puis s'assit, croisa ses longues jambes, et ferma les yeux.

Devanne attendit, assez embarrassé.

« Dort-il ? Réfléchit-il ? »

À tout hasard, il sortit pour donner des ordres. Quand il revint, il l'aperçut au bas de l'escalier de la galerie, à genoux, et scrutant le tapis.

– Qu'y a-t-il donc ?

– Regardez... là... ces taches de bougie...

– Tiens, en effet... et toutes fraîches...

– Et vous pouvez en observer également sur le haut de l'escalier, et davantage encore autour de cette vitrine qu'Arsène Lupin a fracturée, et dont il a enlevé les bibelots pour les déposer sur ce fauteuil.

– Et vous en concluez ?

– Rien. Tous ces faits expliqueraient sans aucun doute la restitution qu'il a opérée. Mais c'est un côté de la question que je n'ai pas le temps d'aborder. L'essentiel, c'est le tracé du souterrain.

– Vous espérez toujours...

– Je n'espère pas, je sais. Il existe, n'est-ce pas, une chapelle à deux ou trois cents mètres du château ?

– Une chapelle en ruines, où se trouve le tombeau du duc Rollon.

– Dites à votre chauffeur qu'il nous attende auprès de cette chapelle.

– Mon chauffeur n'est pas encore de retour... On doit me prévenir... Mais, d'après ce que je vois, vous estimez que le souterrain aboutit à la chapelle. Sur quel indice...

Herlock Sholmes l'interrompit :

– Je vous prierai, monsieur, de me procurer une échelle et une lanterne.

– Ah ! vous avez besoin d'une lanterne et d'une échelle ?

– Apparemment, puisque je vous les demande.

Devanne, quelque peu interloqué, sonna. Les deux objets furent apportés.

Les ordres se succédèrent alors avec la rigueur et la précision des commandements militaires.

– Appliquez cette échelle contre la bibliothèque, à gauche du mot Thibermesnil...

Devanne dressa l'échelle et l'Anglais continua :

– Plus à gauche... à droite... Halte ! Montez... Bien... Toutes les lettres de ce mot sont en relief, n'est-ce pas ?

– Oui.

– Occupons-nous de la lettre H. Tourne-t-elle dans un sens ou dans l'autre ?

Devanne saisit la lettre H, et s'exclama :

– Mais oui, elle tourne ! vers la droite, et d'un quart de cercle ! Qui donc vous a révélé ?...

Sans répondre, Herlock Sholmes reprit :

– Pouvez-vous, d'où vous êtes, atteindre la lettre R ? Oui... Remuez-la plusieurs fois, comme vous feriez d'un verrou que l'on pousse et que l'on retire.

Devanne remua la lettre R. À sa grande stupéfaction, il se produisit un déclenchement intérieur.

– Parfait, dit Herlock Sholmes. Il ne nous reste plus qu'à glisser votre échelle à l'autre extrémité, c'est-à-dire à la fin du mot Thibermesnil... Bien... Et maintenant, si je ne me suis pas trompé, si les choses s'accomplissent comme elles le doivent, la lettre L s'ouvrira ainsi qu'un guichet.

Avec une certaine solennité, Devanne saisit la lettre L. La lettre L s'ouvrit, mais Devanne dégringola de son échelle, car toute la partie de la bibliothèque située entre la première et la dernière lettre du mot, pivota sur elle-même et découvrit l'orifice du souterrain.

Herlock Sholmes prononça, flegmatique :

– Vous n'êtes pas blessé ?

– Non, non, fit Devanne en se relevant, pas blessé, mais ahuri, j'en conviens... ces lettres qui s'agitent... ce souterrain béant...

– Et après ? Cela n'est-il pas exactement conforme à la citation de Sully ?

– En quoi, Seigneur ?

– Dame ! L'H tournoie, l'R frémit et l'L s'ouvre... et c'est ce qui a permis à Henri IV de recevoir Mlle de Tancarville à une heure insolite.

– Mais Louis XVI ? demanda Devanne, abasourdi.

– Louis XVI était un grand forgeron et habile serrurier. J'ai lu un *Traité des serrures de combinaison* qu'on lui attribue. De la part de Thibermesnil, c'était se conduire en bon courtisan, que de montrer à son maître ce chef-d'œuvre de mécanique. Pour mémoire, le Roi écrivit : 2-6-12, c'est-à-dire, H. R. L., la deuxième, la sixième et la douzième lettre du nom.

– Ah ! parfait, je commence à comprendre... Seulement, voilà... Si je m'explique comment on sort de cette salle, je ne m'explique pas comment Lupin a pu y pénétrer. Car, remarquez-le bien, il venait du dehors, lui.

Herlock Sholmes alluma la lanterne et s'avança de quelques pas dans le souterrain.

– Tenez, tout le mécanisme est apparent ici comme les ressorts d'une horloge, et toutes les lettres s'y trouvent à l'envers. Lupin n'a donc eu qu'à les faire jouer de ce côté-ci de la cloison.

– Quelle preuve ?

– Quelle preuve ? Voyez cette flaque d'huile. Lupin avait même prévu que les rouages auraient besoin d'être graissés, fit Herlock Sholmes non sans admiration.

– Mais alors il connaissait l'autre issue ?

– Comme je la connais. Suivez-moi.

– Dans le souterrain ?

– Vous avez peur ?

– Non, mais êtes-vous sûr de vous y reconnaître ?

– Les yeux fermés.

Ils descendirent d'abord douze marches, puis douze autres, et encore deux fois douze autres. Puis ils enfilèrent un long corridor dont les parois de briques portaient la marque de restaurations successives et qui suintaient par places. Le sol était humide.

– Nous passons sous l'étang, remarqua Devanne, nullement rassuré.

Le couloir aboutit à un escalier de douze marches, suivi de trois autres escaliers de douze marches, qu'ils remontèrent péniblement, et ils débouchèrent dans une petite cavité taillée à même le roc. Le chemin n'allait pas plus loin.

– Diable, murmura Herlock Sholmes, rien que des murs nus, cela devient embarrassant.

– Si l'on retournait, murmura Devanne, car, enfin, je ne vois nullement la nécessité d'en savoir plus long. Je suis édifié.

Mais, ayant levé la tête, l'Anglais poussa un soupir de soulagement : au-dessus d'eux se répétait le même mécanisme qu'à l'entrée. Il n'eut qu'à faire manœuvrer les trois lettres. Un bloc de granit bascula. C'était, de l'autre côté, la pierre tombale du duc Rollon, gravée des douze lettres en relief « Thibermesnil ». Et ils se trouvèrent dans la petite chapelle en ruines que l'Anglais avait désignée.

– Et l'on va jusqu'à Dieu, c'est-à-dire jusqu'à la chapelle, dit-il, rapportant la fin de la citation.

– Est-ce possible, s'écria Devanne, confondu par la clairvoyance et la vivacité de Herlock Sholmes, est-ce possible que cette simple indication vous ait suffi ?

– Bah ! fit l'Anglais, elle était même inutile. Sur l'exemplaire de la Bibliothèque Nationale, le trait se termine à gauche, vous le savez, par un cercle, et à droite, vous l'ignorez, par une petite croix, mais si effacée, qu'on ne peut la voir qu'à la loupe. Cette croix signifie évidemment la chapelle où nous sommes.

Le pauvre Devanne n'en croyait pas ses oreilles.

– C'est inouï, miraculeux, et cependant, d'une simplicité enfantine ! Comment personne n'a-t-il jamais percé ce mystère ?

– Parce que personne n'a jamais réuni les trois ou quatre éléments nécessaires, c'est-à-dire les deux livres et les citations... Personne, sauf Arsène Lupin et moi.

– Mais, moi aussi, objecta Devanne, et l'abbé Gélis... Nous en savions tous deux autant que vous, et néanmoins...

Sholmes sourit.

– Monsieur Devanne, tout le monde n'est pas apte à déchiffrer les énigmes.

– Mais voilà dix ans que je cherche. Et vous, en dix minutes...

– Bah ! l'habitude...

Ils sortirent de la chapelle, et l'Anglais s'écria :

– Tiens, une automobile qui attend !

– Mais c'est la mienne !

– La vôtre ? mais je pensais que le chauffeur n'était pas revenu.

– En effet... et je me demande...

Ils s'avancèrent jusqu'à la voiture, et Devanne, interpellant le chauffeur :

– Édouard, qui vous a donné l'ordre de venir ici ?

– Mais, répondit l'homme, c'est M. Velmont.

– M. Velmont ? Vous l'avez donc rencontré ?

– Près de la gare, et il m'a dit de me rendre à la chapelle.

– De vous rendre à la chapelle ! mais pourquoi ?

– Pour y attendre Monsieur... et l'ami de Monsieur...

Devanne et Herlock Sholmes se regardèrent. Devanne dit :

– Il a compris que l'énigme serait un jeu pour vous. L'hommage est délicat.

Un sourire de contentement plissa les lèvres minces du détective. L'hommage lui plaisait. Il prononça, en hochant la tête :

– C'est un homme. Rien qu'à le voir, d'ailleurs, je l'avais jugé.

– Vous l'avez donc vu ?

– Nous nous sommes croisés tout à l'heure.

– Et vous saviez que c'était Horace Velmont, je veux dire Arsène Lupin ?

– Non, mais je n'ai pas tardé à le deviner... à une certaine ironie de sa part.

– Et vous l'avez laissé échapper ?

– Ma foi, oui... j'avais pourtant la partie belle... cinq gendarmes qui passaient.

– Mais sacrebleu ! c'était l'occasion ou jamais de profiter...

– Justement, monsieur, dit l'Anglais avec hauteur, quand il s'agit d'un adversaire comme Arsène Lupin, Herlock Sholmes ne profite pas des occasions... il les fait naître...

Mais l'heure pressait et, puisque Lupin avait eu l'attention charmante d'envoyer l'automobile, il fallait en profiter sans retard.

Devanne et Herlock Sholmes s'installèrent au fond de la confortable limousine. Édouard donna le tour de manivelle et l'on partit. Des champs, des bouquets d'arbres défilèrent. Les molles ondulations du pays de Caux s'aplanirent devant eux. Soudain les yeux de Devanne furent attirés par un petit paquet posé dans un des vide-poches.

– Tiens, qu'est-ce que c'est que cela ? Un paquet ! Et pour qui donc ? Mais c'est pour vous.

– Pour moi ?

– Lisez : « M. Herlock Sholmes, de la part d'Arsène Lupin. »

L'Anglais saisit le paquet, le déficela, enleva les deux feuilles de papier qui l'enveloppaient. C'était une montre.

– Aoh ! dit-il, en accompagnant cette exclamation d'un geste de colère...

– Une montre, fit Devanne, est-ce que par hasard ?...

L'Anglais ne répondit pas.

– Comment ! C'est votre montre ! Arsène Lupin vous renvoie votre montre ! Mais s'il vous la renvoie, c'est qu'il l'avait prise... Il avait pris votre montre ! Ah ! elle est bonne, celle-là, la montre de Herlock Sholmes subtilisée par Arsène Lupin ! Dieu, que c'est drôle ! Non, vrai... vous m'excuserez... mais c'est plus fort que moi.

Et quand il eut bien ri, il affirma d'un ton convaincu :

– Oh ! c'est un homme, en effet.

L'Anglais ne broncha pas. Jusqu'à Dieppe, il ne prononça pas une parole, les yeux fixés sur l'horizon fuyant. Son silence fut terrible, insondable, plus violent que la rage la plus farouche. Au débarcadère, il dit simplement, sans colère cette fois, mais d'un ton où l'on sentait toute la volonté et toute l'énergie du personnage :

– Oui, c'est un homme, et un homme sur l'épaule duquel j'aurai plaisir à poser cette main que je vous tends, monsieur Devanne. Et j'ai idée, voyez-vous, qu'Arsène Lupin et Herlock Sholmes se rencontreront de nouveau un jour ou l'autre... Oui, le monde est trop petit pour qu'ils ne se rencontrent pas... et ce jour là...

ISBN-13:
978-1718905887

ISBN-10:
1718905882

Printed in Great Britain
by Amazon